ENCYCLOPEDIA OF WORLD WONDERS

世界奇迹

[英] 北巡游出版公司（North Parade Publishing Ltd.）/ 编著　邹蜜 / 译

重庆出版集团　重庆出版社

探索动物、建筑、历史、太空奇迹的入门指南

图书在版编目(CIP)数据

世界奇迹 / 英国北巡游出版公司编著；邹蜜译.—重庆：重庆出版社，2022.2
书名原文：Encyclopedia of World Wonders
ISBN 978-7-229-16516-1

Ⅰ.①世…　Ⅱ.①英…　②邹…　Ⅲ.①科学知识－青少年读物
Ⅳ.①Z228.2

中国版本图书馆CIP数据核字(2022)第005412号

世界奇迹

SHIJIE QIJI

［英］北巡游出版公司　编著　邹蜜　译
责任编辑：连果　张琳
责任校对：刘刚

重庆出版集团
重庆出版社　出版
重庆市南岸区南滨路162号1幢　邮政编码：400061　http://www.cqph.com
重庆出版集团艺术设计有限公司 制版
重庆长虹印务有限公司 印刷
重庆出版集团图书发行有限公司 发行
全国新华书店经销

开本：889mm×1194mm　1/16　印张：7.5　字数：80千
2022年3月第1版　2022年3月第1次印刷
ISBN 978-7-229-16516-1
定价：49.80元

如有印装质量问题，请向本集团图书发行有限公司调换：023-61520678

目录

神奇动物

动物王国 4
速度和狂野：野生猫科动物 5
猛兽 6
猴子世界 7
犬科动物 8
爬行动物 9
鸟类世界 10
野生动物趣味百科 11
海洋生物 12
鱼鳍和鱼鳃 13
鲨鱼和鳐鱼 14
海洋哺乳动物：鲸鱼和海豚 15
礁类生物 16
软体动物 17
一些独特的动物 18
昆虫世界 19
奇特的昆虫 20
友善的动物 21
昆虫的家园 22
生存的技巧 23
你知道吗？ 24
恐龙的时代 25
恐龙的灭绝 26
恐龙的分类 27
结构和行为 28
身体上的武器 29

恐龙的命名 30
恐龙趣味百科 31
更多的趣味百科 32
恐龙的误解 33

巨型建筑

超级建筑 34
古代石质奇迹 36
古代巨型奇迹 37
巨型体育场 39
巨型纪念碑 40
现代巨型建筑 42
摩天大楼 44
巨型隧道 46
巨型桥梁 48
更多巨型桥梁 50
巨型大坝 52
空中巨无霸 54
巨型机械 56

巨型汽车 58
海上巨无霸 59
巨型列车 60
更多巨型奇迹 62

七大奇迹

古代七大奇迹 64
中世纪七大奇迹 68
自然世界七大奇观 73
水下世界七大奇观 78
现代工程七大奇迹 84

漫游太空

宇宙 88
星系 90
闪耀的星空 92
恒星的消亡 93
太阳系 94
彗星和小行星 96
黄矮星 98
蓝色星球 100
红色星球 102
“指环王” 104
研究宇宙 105
众多卫星 106
人造卫星和探测器 107
探索宇宙 108
太空穿梭 110
太空服饰 112
太空生活 113
太空事故 114
太空趣味百科 116

动物王国

世界上有几种动物？

世界上有两种动物：有脊椎的称为脊椎动物；没有脊椎的称为无脊椎动物。无脊椎动物占地球上所有动物的 95%。

动物吃什么？

根据吃的东西的不同，动物分为多种类型：吃植物的是食草动物，鹿、马都是食草动物；吃肉的是食肉动物，狗、老虎和狮子都是食肉动物；既吃植物又吃肉的动物是杂食动物；吃昆虫的动物被称为食虫动物。

什么是哺乳动物？

哺乳动物都是温血动物。它们都有脊椎，有的动物身上长有毛发。它们用雌性产出的奶喂养幼崽。猿、猫、狗、虎、象、大猩猩和马都是哺乳动物，人类也是。

哪些是脊椎动物？

脊椎动物包括所有有脊椎骨的哺乳动物、鸟类、爬行动物、两栖动物和鱼类。

什么是卵生哺乳动物？

卵生哺乳动物是原始的产卵哺乳动物。鸭嘴兽和针鼹是澳大利亚发现的仅有的两种卵生哺乳动物。

什么是有袋动物？

有袋动物也是哺乳动物。它们产下幼崽，把孩子放在位于腹部的育儿袋里。袋鼠和考拉是有袋动物。

什么是冬眠？

许多生活在寒冷地区的动物通过冬眠来解决冬季食物短缺和温度过低的问题。为准备冬眠，它们在夏天大量进食，以积累足够的脂肪，保证在整个冬天可以维持温度和营养。

什么是灵长类动物？

灵长类动物是哺乳动物的最高等级，包括人和猿。

什么是温血动物？

温血动物是无论外界温度如何变化，它们都能保持自身体温在恒定范围的一种动物。哺乳动物和鸟类都是温血动物。

无脊椎动物有哪些？

昆虫、蜘蛛、螃蟹、蠕虫、水母和珊瑚都是无脊椎动物。

速度和狂野：野生猫科动物

什么动物在猫科里是最敏捷的？

美洲狮是猫科动物中最敏捷的，主要分布在美国西部。它们可以跳跃、爬树，以其迅速和敏捷袭击猎物。它们一次跳跃可达 18 米远。

美洲狮

什么是狮群？

狮子是猫科动物中唯一群体生活的动物，它们的群体叫狮群。一个狮群大多以两只雄狮和七只雌狮以及数量不等的幼狮组成。

谁是“丛林之王”？

狮子被称为“丛林之王”，它是唯一的雌雄两态的猫科动物，雌雄狮子的尾巴都有簇毛，脖颈处的鬃毛为雄狮所独有，它的咆哮声 9 千米外都能听到。

狮子

猫科动物中哪种动物的牙齿最大？

云豹的犬齿是猫科动物中最大的。它们的犬齿超过 4 厘米长，可以一口咬死猎物。

什么动物在陆地上跑得最快？

猎豹是陆地上跑得最快的动物。这些长腿猫科动物的奔跑速度可以达到每小时 110 千米。不过，它们不能高速奔跑太久。

两只老虎在中立区域相遇会怎样打招呼？

如果没有食物和领地的争夺，两只老虎相遇可以通过摩擦头部、下巴、脸颊和尾巴来互相问候。

美洲虎和美洲豹有什么区别？

美洲虎是南美最大的猫科动物。尽管美洲虎和美洲豹都有带黑色花纹的黄棕色皮毛，但美洲虎的斑点形状不规则。美洲虎更重，尾巴更短。黑豹和黑美洲虎都叫黑豹。

什么是野生猫科动物？

狮子、老虎、猎豹和豹属于猫科动物，通常被称为野猫。

哪种动物是猫科动物里体形最大的？

这只雄性西伯利亚虎身长超过 3 米，体重高达 300 千克，是猫科动物中体形最大、力量最强的！

西伯利亚虎

老虎身上的条纹有什么作用？

老虎身上的条纹有助于它在等待捕获猎物时，可以很好地隐蔽在高高的草丛中。

猛兽

世界上有几种大象？

世界上只有两种大象：非洲象和亚洲象。

非洲象和亚洲象有什么不同？

非洲象的体形更大，它们的耳朵和獠牙也更大。它们的前肢和后肢长短不一，造成它们背部前后有一个倾角。

大象能活多久？

大象的寿命为 60 ~ 70 年。

大象对我们人类有什么用处？

大象对人类非常重要，如果失去了它们，许多其他动植物也会死去。它们可以作为运输和狩猎的牲畜。

大象的鼻子可以做什么？

大象用鼻子来呼吸、嗅味道、触摸、拥抱、吃东西、喝水和抚摸它们的幼象。它的长鼻子一次能吸 8 升水。大象通过向身体喷洒水和灰尘来给自己降温。它们甚至可以把鼻子伸进自己嘴里，从胃里提取水分，也可以用鼻子来交流。

大象之间如何交流？

大象通过发出“咕噜咕噜”的声音进行交流。然而，这些咕噜声频率太低，人类听不见。它们还会发出类似“号角”的吼声，来进行呼喊。

熊猫吃什么食物？

熊猫主要吃竹笋和竹叶。它们一天中大约有 12 个小时在吃东西，一天能吃掉 11.7 ~ 14 千克的食物。

熊猫

河马有什么不同寻常的地方？

河马大部分时间都在水里，在世界主要的河流和沼泽中都能发现它。河马幼崽也是在水下出生和哺乳的，河水可以让身体降温，防止脱水。河马是游泳高手，也是唯一敢和鳄鱼在同一水域游泳的动物！它可以在水下停留 30 分钟。

为什么说河马是厚脸皮？

河马的皮肤很厚——在某些地方，它的皮肤可以长到 5.08 厘米厚，形成河马的保护罩，以免遭受敌人的攻击。

世界上有多少种熊？

世界上有八种熊——美洲熊、北极熊、熊猫、亚洲熊、懒熊、眼镜熊、太阳熊和灰熊。

太阳熊在哪里被发现的？

太阳熊生活在东南亚的热带雨林，因为特别喜欢吃蜂蜜，也称蜂蜜熊。太阳熊是世界上最小的熊，但攻击性很强。

太阳熊

大象

河马

哪种动物最聪明？

黑猩猩被认为是最聪明的非人类动物。它们的外貌和行为方式与人类相似。

黑猩猩

黑猩猩如何使用工具？

和人类一样，黑猩猩也会使用工具。它们能用棍子把蚂蚁从洞里掏出来，也能用树叶舀水，还能用石头砸开坚果。

小黑猩猩

生活在树上最大的动物是什么？

婆罗洲猩猩，也被称为“森林老人”，是生活在树上的最大动物。

大猩猩是在哪里发现的？

大猩猩生活在非洲的丛林中，是非常大的动物。它们有长胳膊、短腿、宽胸膛、大脑袋、大牙齿，没有尾巴。它们是非常温和的动物。

冠毛猕猴的名字是如何而来的？

冠毛猕猴就像戴了一顶帽子，这得益于它那奇怪的皮毛。它头顶的毛发从头部中心向外发散，像一个帽子的形状。

蜘蛛猴的名字如何而来？

蜘蛛猴之所以得名，是因为它长长的四肢就像蜘蛛一样。它们的尾巴就像“第五只手”，可以在摇摆的时候抓住树枝。

松鼠猴的声音有什么奇特的？

松鼠猴是灵长类动物中声音最大的一种。它们会发出唧唧声、尖叫声、吱吱声、惊叫声、呜呜声，还可以发出吠叫声。

松鼠猴

日本猕猴以什么而闻名？

日本猕猴体形中等，全身长着黄灰色的长毛，脸鲜红。它们以模仿对方的行为而闻名，就像人类一样。

什么哺乳动物色彩最丰富？

在非洲发现的山魈，可能是世界上色彩最丰富的哺乳动物。

山魈

世界上哪种猴子最小？

侏儒狨猴是世界上最小的猴子，生活在南美洲的森林中，只有 38 厘米长，包括 17.78 厘米长的尾巴。

哪种动物是最吵的？

世界上最吵的陆地动物是在中美洲和南美洲发现的吼猴，它的尖叫声可以在 4.83 千米外听到。

犬科动物

哪些动物属于犬科动物?

狼、狐狸、豺、郊狼、鬣狗、家犬都是犬科动物的主要成员。

什么是鬣狗?

鬣狗是一种长得像狗的食肉动物，也是著名的食腐动物。它们在晚上最活跃，通常以其他动物捕猎后的残渣为食。它们有强大的下颌，可以咬破坚硬的兽皮，咬碎并消化其他食肉动物不能吃的大骨头。

鬣狗是什么样的猎人?

鬣狗是最危险的猎人之一。除了吃剩菜，鬣狗也自己捕猎——通常在晚上。单个鬣狗会攻击小动物，鬣狗也会组成10只或以上的鬣狗群来攻击像斑马这样的大动物。

什么狗不会叫?

巴辛吉犬是一种猎犬，身长43厘米，体重11千克，是唯一不会吠叫的狗。

在哪里能发现澳洲野犬?

澳洲野犬是澳大利亚的野狗。它全身毛发较短，通常为黄色，也有白色、黑色、棕色或铁锈色。它们的尾巴浓密，耳朵直立，牙齿锋利。

最高和最小的狗是哪种?

大丹犬是最高的狗狗之一，身高可达81厘米，而吉娃娃犬是最小的，只有13厘米。

什么是郊狼?

郊狼形似小的德国牧羊犬，是普通狗的野生亲戚。郊狼非常聪明，因为它们能适应周围环境，轻易地战胜竞争对手，并靠多种食物生存。

鬣狗

郊狼

狼

什么是爬行动物？

爬行动物都是脊椎动物，是一种皮肤坚硬、干燥、布满角质鳞片的动物，它们用肺呼吸。海龟、蜥蜴、蛇、鳄鱼和短吻鳄是一些最常见的爬行动物。和鸟类一样，大多数爬行动物都在陆地上产蛋，蛋上覆盖着一层保护壳。

爬行动物和其他脊椎动物有什么不同？

爬行动物是冷血动物，这意味着它们和两栖动物一样，自己无法保持体温，需要依靠阳光取暖。

什么是壁虎？

壁虎是一种吃昆虫的小蜥蜴。它有一个大脑袋和一个短小结实的身体。壁虎在温带国家，沙漠区域或半干旱地区很常见。

吉拉毒蜥

哪里能找到爬行动物？

爬行动物分布非常广泛，从池塘和湖泊的底部到高寒地区的树干。然而，在热带和沙漠地区，爬行动物的种类更加丰富多样。由于它们自身无法产生体温，因此在冰封的南极洲或极地地区几乎找不到它们，北极圈内也很少见。

爬行动物的皮肤有什么特别的？

爬行动物的皮肤既不像两栖动物那样潮湿，也不像鸟类那样有羽毛，更不像哺乳动物那样有毛发。它们的皮肤坚硬而干燥，还有角质鳞片。

世界上最快的爬行动物是哪种？

世界上最快的爬行动物是哥斯达黎加的刺尾鬣蜥。它的爬行速度可以达到每小时 30 多千米。

鬣蜥

蜥蜴有毒吗？

世界上有两种蜥蜴是有毒的：吉拉毒蜥和墨西哥毒蜥，分布在墨西哥和美国部分地区。

世界上最长的蛇是哪种？

亚洲网纹蟒是世界上最长的蛇。它生活在东南亚，体长超过 8 米。

响尾蛇为什么会嘎嘎作响？

响尾蛇的嘎嘎声，是由蛇尾的角质轮发出的。当蛇摇尾巴时，尾巴上松散连接在一起角质轮会发出嘎嘎声。

世界上最大的蛇是哪种？

水蚺是世界上最大最重的蛇。与其他产卵的蛇不同，雌性水蚺生下活的幼蛇。

水蚺

鸟类世界

什么是鸟类？

鸟类是温血脊椎动物，与其他脊椎动物不同的是有翅膀和羽毛。

鸣叫的鸟儿

哪种鸟是最重的？

大鸨是世界上最重的飞鸟，体重可达 20.9 千克。

为什么鸟儿都在黎明鸣叫？

鸟儿在黎明鸣叫，只是在宣告它在自己领地的权利。它通过鸣叫警告其他鸟儿不要靠近。

啄木鸟为什么要啄树木？

啄木鸟啄树木是为了抓树皮上的昆虫，它们也会像其他鸟类一样啄出声音。

啄木鸟

鸟类为什么要迁徙？

鸟类迁徙是为了获得足够的水源和食物，以及避免过热或过冷的气候。候鸟能利用各种各样的线索为自己寻路，包括白天的太阳位置和夜晚星星的位置。

迁徙

世界上最大的鹰是哪种？

在南美洲和中美洲雨林中发现的角雕是世界上最大的鹰，雄性角雕约 4.54 ~ 7.26 千克，雌性约 7.26 ~ 8.16 千克。

角雕

世界上有多少种鸟？

世界上有超过 1 万种鸟类。

哪种鸟迁徙的距离最长？

北极燕鸥是鸟类中迁徙距离最长的。它们在北极圈内繁殖，但冬季会飞到南极冰层的边缘——总距离大约为地球的周长大小。

虎皮鹦鹉是从哪里来的？

虎皮鹦鹉是澳大利亚长尾鹦鹉的一种。“鹦鹉”这个名字来自澳大利亚土著语言，意思是“凤头鹦鹉”。野生虎皮鹦鹉身体上的羽毛通常是淡绿色，头羽微黄，翅膀上的羽毛有棕色的条纹。

为什么有的鸟会吞下小石子？

不同寻常的内脏帮助鸟类消化食物。砂囊是鸟类胃的一部分，它的肌肉壁很厚，带有很硬的肉脊，能碾碎大的种子，甚至贝类。一些吃种子的鸟会吞下小石子，这样它的砂囊就能更有效地研磨食物。以花蜜和柔软的果实为食物的鸟类，砂囊不会如此发达。

考拉喝多少水？

考拉名字的意思就是“不喝水的”，它们从吃的桉树叶中获取水分。

陆地上最大的食肉动物是什么？

陆地上最大的食肉动物是北极熊。

为什么狨猴也叫作“金狮”？

狨猴比松鼠略微小一些，常被称为“金狮”。金狮狨猴的毛发柔软如丝，呈金黄色，覆盖在头上和脸上。它们的毛发酷似狮子的鬃毛，因此而得名。

狨猴

什么动物组成了最大的兽群？

跳羚成群结队地迁徙。这些兽群可能有成千上万的成员，分布在几平方公里的地方。

哪些动物睡觉睡得最多？

犰狳、负鼠和树懒，它们一生中 80% 的时间都在睡觉。

什么动物跑得最慢？

南美洲的三趾树懒据说是最慢的动物，通常一分钟只能移动 1.83 ~ 2.44 米。

三趾树懒

灰熊能跑多快？

尽管灰熊大且笨重，但它能跑得和马一样快，大约每小时 56 千米。

为什么有些动物在周围环境中很难被发现？

许多动物会通过改变自身的颜色，或是让自己看起来成为周围环境的一部分，以这样的伪装来躲避敌人。

什么动物是最小的哺乳动物？

南非发现的侏儒鼩鼱是最小的哺乳动物，长约 5.08 厘米，重为 1.2 ~ 2.7 克。

世界上最大的蜥蜴是什么？

科莫多龙发现于印度尼西亚，是世界上最大的蜥蜴和凶猛的食肉动物。它能杀死一头 45.36 千克的野猪，并一口气吃掉它。它不仅跑得快，还能爬树和游泳！

什么动物是唯一能游泳、爬树、站立和直立的动物？

熊是唯一能爬树、游泳、站立和直立的动物。

科莫多龙

跳羚

海洋生物

海洋中哪些地方有生命？

海洋分为三个区域，在不同的区域能发现不同的生物，这取决于它们接收阳光的多少——接收阳光最多的浅层区域叫光照区；只能接收部分光线的区域叫弱光区；阳光照射不到的深水区叫深海区。

海洋里有植物吗？

一些微小植物成群结队地漂浮在海里，被称为浮游生物。它们小到肉眼看不到。它们是鱼类和其他海洋生物，甚至鲸鱼的食物来源。

生命最初是在哪里进化的？

生命最初是从水里开始进化的。地球表面约 70% 的面积被海洋覆盖，海洋是地球表面最大的水体。地球上 95% 以上的水含盐量较高，适合生命进化。

海洋生物是什么意思？

在海洋中发现的各种生物称为海洋生物。这是一个五彩缤纷的世界，里面有各种各样的鱼类、植物、珊瑚、海豚、鲸鱼和其他海洋生物。

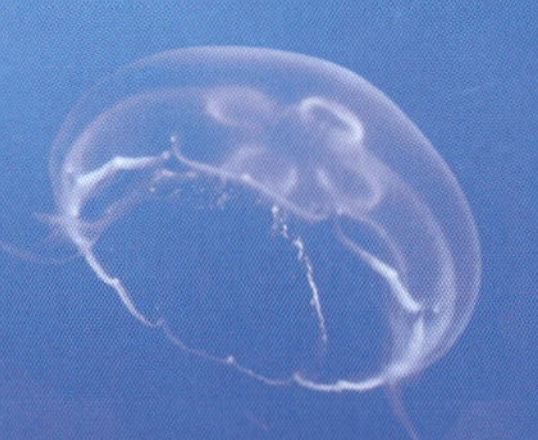

光照区

在光照区可以看到浮游生物和植物，以及各种颜色和形状的鱼类。

弱光区

在弱光区有灯笼鱼、鼠尾鱼、短柄鱼和水母等生物。

深海区

海葵、牡蛎和鱿鱼等在深海区活动。

鱼鳍和鱼鳃

什么是飞鱼？

飞鱼是一种能在空中滑翔几百米的小鱼。它借助有力地摆动尾巴在水中快速游动。它在快速移动时会把鳍张开。它的快速移动，有助于让身子跃出水面。

鱼会觉得冷吗？

鱼是不会觉得冷的，因为它们是冷血动物，它们的体温随着外界温度的变化而变化。如果外面冷，它们的体温就低；如果外面热，它们的体温就高。

什么是鱼？

鱼是生活在水里的脊椎动物，它们的鳃在一生中都不会改变形状。

金鱼是从哪里来的？

金鱼的祖先是在中国和日本的湖泊和河流中发现的鲤鱼。中国和日本养金鱼已经很多年了。大约 200 年前，金鱼第一次被带到欧洲，作为礼物送给法国国王路易十五宫廷的蓬帕杜夫人。

水母是鱼吗？

水母不是鱼。它是一种没有骨骼的浮游生物。水母身体中的 90% 是一种类似果冻的软物质。它没有大脑和血液，而它的胃也只是一个空洞的空间！

什么是食人鱼？

食人鱼是一种生活在南美洲河流中的鱼。它以贪婪而闻名，大约有十分之四的食人鱼是危险的。

日本人吃有毒的鱼吗？

日本人把河豚鱼当作美味。这种鱼的某些器官（如心脏和肝脏）中含有毒素。不过，日本厨师必须经过培训，获得特殊许可证以后，才能被允许处理这种鱼。

鱼离开水能存活吗？

有些鱼可以在水外存活很长时间。它们的鳃已经适应了在空气中呼吸相当长一段时间。飞鱼和攀鲈就是可以在水外存活一段时间的鱼。

金鱼

鱼会睡觉吗？

我们所说的睡觉通常是指闭上眼睛，没有任何动作的状态下休息一段时间。除了鲨鱼，大多数鱼没有眼睑！有的鱼会一直不停地游动，也有些鱼几乎不动！有些鱼白天很活跃，有些鱼晚上很活跃。所以我们到现在还不能确定鱼类是否需要睡觉或休息。

世界上最大的鱼是什么？

鲸鲨是世界上最大的鱼。它体长可达 15 米，体重可能有几吨。它主要生活在大西洋、太平洋和印度洋的温暖海域。

世界上最小的鱼是什么？

在菲律宾吕宋岛发现的小虎鱼是世界上最小的鱼，它的身长一般不超过 1.27 厘米。

小虎鱼

鲨鱼和鳐鱼

什么是鲨鱼?

鲨鱼是有下颌的鱼，用鳃进行呼吸，它们也有脊柱。鲨鱼的嘴位于头部下面，它可以翻身朝上，用嘴去猎食水面上的食物。鲨鱼一般有 0.3 ~ 15 米那么长。

蓝鲨真的是蓝色的吗?

蓝鲨的身体上半部分呈亮蓝色，下半部分呈白色。蓝鲨在死后，蓝色部分很快就会变成暗灰色。大多数鲨鱼是棕色、橄榄色、灰色的。

在淡水中发现的是什么鲨鱼?

牛鲨是唯一能在淡水中生存的鲨鱼。它喜欢生活在浅海区域。它通常会进入海湾、潟湖和河口。

为什么虎鲨和大白鲨很危险?

虎鲨生活在热带水域，体重可达 270 千克，它能一次吞下一只海豹，一般不攻击人类。大白鲨的身长可达 12 米，以攻击人类而闻名，但事实上这种情况很少发生。

刺魟为什么会蜇人?

刺魟的尾部有一个充满毒素的脊骨，只有在你踩到它的时候它才会蜇人，这会产生刺痛的效果。在其他时候，你还可以用手喂养和抚摸它。

鲨鱼都会吃人吗?

鲨鱼的种类超过 150 种，大部分是无害的。除了虎鲨和大白鲨之外，几乎没有听说过其他种类的鲨鱼会攻击人类。

水母为什么会蜇人?

水母用它们的触须蜇人。它们通过刺伤和麻痹小动物来捕食。一些水母的胃里也有类似器官，用于消灭猎物。

什么可以吸引鲨鱼?

科学家们至今仍然不确定到底什么能吸引鲨鱼。血液本身并不能吸引它们，但颜色、气味和声音的组合可能会引起鲨鱼的攻击。

什么是鳐和灰鳐?

鳐和灰鳐属于鲨鱼家族。鳐鱼是一种重达 1 吨以上、宽度超过 6 米的大鱼！它们生活在温暖的水域。灰鳐跟鳐鱼相似，有一个煎饼状的身体，但它们没有鳐鱼那么大那么重。灰鳐生活在海底，通常被埋在沙子或砾石下面，在没有受到干扰的情况下游得很慢。

什么是电鳐?

电鳐在受到威胁时，能够释放出强烈的电流。

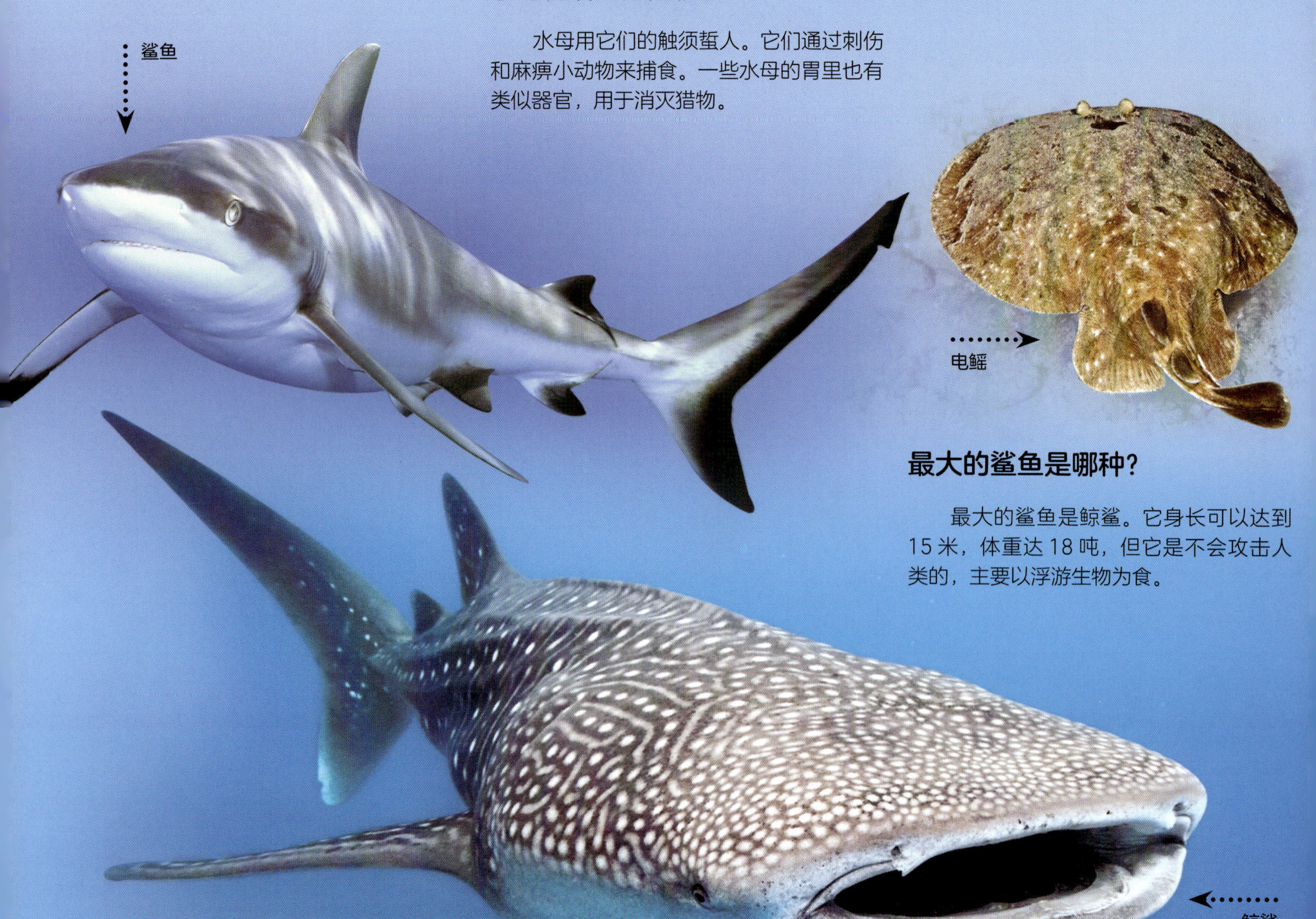

最大的鲨鱼是哪种?

最大的鲨鱼是鲸鲨。它身长可以达到 15 米，体重达 18 吨，但它是不会攻击人类的，主要以浮游生物为食。

海洋哺乳动物：鲸鱼和海豚

在哪里能看到海洋哺乳动物？

海洋哺乳动物主要在更容易呼吸的海洋表面附近区域。它们也许会到海洋深处寻找食物，但它们需要时常回到海面上来。

如何区分海豚和鼠海豚？

辨别海豚和鼠海豚最简单的方法是看它们的头部，海豚有尖尖的嘴巴，而鼠海豚的头部是圆形的。

什么是虎鲸？

虎鲸是非常聪明和友好的。它们在猎食时成群结队地行动。在捕猎海豹时，它们会靠近海岸。

为什么鲸鱼的头顶有个洞？

鲸鱼通过鼻孔或是头顶上的气孔呼吸。它们会游到水面，从肺部排出废气。它们在呼吸时会发出非常响亮的声音，在很远处也能听到。鲸鱼每 5 ~ 10 分钟就会浮到水面呼吸一次，还能在水下停留大约 45 分钟。

鲸鱼与其他鱼类有什么不同？

鲸鱼是哺乳动物，不属于鱼类。它们是温血动物，用肺呼吸而不是鳃。它们产下幼崽，并用自己的奶喂养。

海豚是鱼吗？

海豚不是鱼类，而是哺乳动物。它们用肺呼吸，也不像鱼类那样产卵，而是直接生下小海豚。

鲸鱼如何保暖？

鲸鱼身上有一层叫作鲸脂的脂肪，在寒冷的天气和低温条件下可以保持温暖。

海豚

虎鲸

什么是鼠海豚？

鼠海豚是一种海洋哺乳动物，远看跟海豚很像，它们通过气孔呼吸，用自己的奶来喂养幼崽。它们的尾巴是水平的，不像其他鱼类的尾巴是垂直的。

座头鲸以什么而闻名？

座头鲸最出名的就是它的歌声，在海里，很远以外的地方也能听到它们的声音。

什么是儒艮？

儒艮是在东非、红海、马来半岛和其他地方的沿海水域发现的。它们的皮肤呈淡奶油色，但随着年龄的增长，颜色会逐渐变深，呈深板岩灰色。它们的皮肤又厚又硬，表面有短小的毛发覆盖全身。

鼠海豚

礁类生物

珊瑚是如何形成的？

珊瑚是由小型海洋生物的骨骼组成的，这些骨骼的主要成分是石灰石。珊瑚有许多形状和颜色。它们群居在一起，随着时间的推移逐渐形成珊瑚礁。

什么是细钻光鱼？

这是一种在海洋里十分常见的小鱼，它们的腹部有一排微小的器官，可以发光。

什么是海星？

海星是一种星星形状，嘴巴位于中央位置的动物。它们粗糙坚硬的表皮覆盖着一层短小的尖刺，在它们身体中间部分的下面，有很多的纽扣状吸盘。它们通过这些吸盘吸水和排水，用手臂触须闻气味，有凹槽和管状的触须帮助它们移动。

海星有眼睛吗？

在海星两个手臂触须的尖上有眼睛，眼睛的周围还有一圈尖刺。

为什么珊瑚礁被称为“海洋雨林”？

珊瑚礁里聚集着许多的海洋动植物。各种各样的、颜色美丽的小型鱼类和海蛞蝓，五颜六色的海葵、海胆和海星生活在暗礁中。

哪种海葵会蜇人？

地毯海葵用自己的刺来捕捉鱼，也用它的短触须蜇人。它的刺会在没有保护的皮肤上引起不舒服的皮疹。

什么是海绵？

我们在厨房和浴室使用的干燥无色的海绵并不是真正的海绵，而是合成材料制成的。真正的海绵是在海里发现的，是最原始的海洋动物，它们通过毛孔进行呼吸和进食。

海星有多少种类型？

海洋里有三类海星：蛇尾海星被抓住时手臂触须会变成长长的蛇形射线，可以从 20 厘米延伸到 25 厘米；羽毛海星的触须看起来就像小羽毛；普通海星的触须大约有 13 厘米长。

哪些海洋生物会对潜水员造成危险？

海鳗、章鱼、尖刺海胆、水母、黄貂鱼和蟾蜍都会攻击潜水员。地毯海葵和僧帽水母也会引起皮疹。

红菜花珊瑚是在哪里发现的？

红色的菜花珊瑚是在印度—太平洋地区发现的一种软珊瑚。它的外形像一朵花，颜色从鲜红色到深橙色不一。它在晚上进食，白天会收缩成一团。

螳螂虾的攻击力有多强？

螳螂虾可以打碎水族馆的玻璃，或者一下就能把人的大拇指骨头击得粉碎！

螳螂虾

小丑虾的食物有什么奇怪的？

小丑虾是一种色彩斑斓的虾，全身布满闪闪发光的亮点，能与周围环境完美融合。它只吃海星，通常会把海星翻过来，吃它柔软的底面。

水母有哪些特征？

有的水母非常小，有的直径可达 0.5 米。水母有不同的形状和颜色，有些水母在受到干扰时会发光。大多数水母生活在水面附近，但也有少数水母生活在海底。

什么是软体动物？

软体动物是一种没有脊柱的动物，身体没有骨头，软黏黏的。它们的大小各不相同，从肉眼看不见到长达 15 米都存在。常见的软体动物有蜗牛、蛤蜊、牡蛎和章鱼。

什么是藤壶？

藤壶是一种小甲壳动物，在刚被孵化出来时还可以四处游动；但当它们长大后，就不能四处游动了，这时，它们会附着在桥墩、岩石、木头或铁等表面上。

红色寄居蟹的名字从何而来？

红色寄居蟹之所以叫这个名字，是因为它像寄居者一样背着自己的家四处游荡！因为它的腹部柔软而脆弱，所以它用废弃的蜗牛壳来保护自己。而且随着它的身体不断长大，它会寻找更大的壳来隐藏自己！

为什么蛤蜊会把壳关起来？

当蛤蜊受到惊吓时会把壳打开，伸出脖子向外喷水。然后，它会把脖子缩回去，紧紧关上壳。

什么是蜗牛？

蜗牛是一种软体动物，主要分为两种类型：有的蜗牛有壳；有的被一层薄薄的黏膜覆盖，被称为蛞蝓。蜗牛用单肺或单鳃进行呼吸。所有蜗牛的腹部下侧都有一只大脚，也被称为胃足。

蜗牛

世界上有毒蜗牛吗？

有的蜗牛例如芋螺会产生有毒的液体。这种蜗牛主要分布在热带地区。它们用矛状的尖刺来注射毒液。

螃蟹会主动攻击吗？

螃蟹以其坚硬的壳而闻名，它们在成长过程中会把壳褪去并丢掉；因为新外壳需要时间硬化，其间它们很容易受到捕食者的攻击。大多数螃蟹会用大钳子攻击猎物，或在受到威胁时进行自卫。有些螃蟹可以发出微小的声音，可以让它们的猎物暂时听不见或是眩晕。

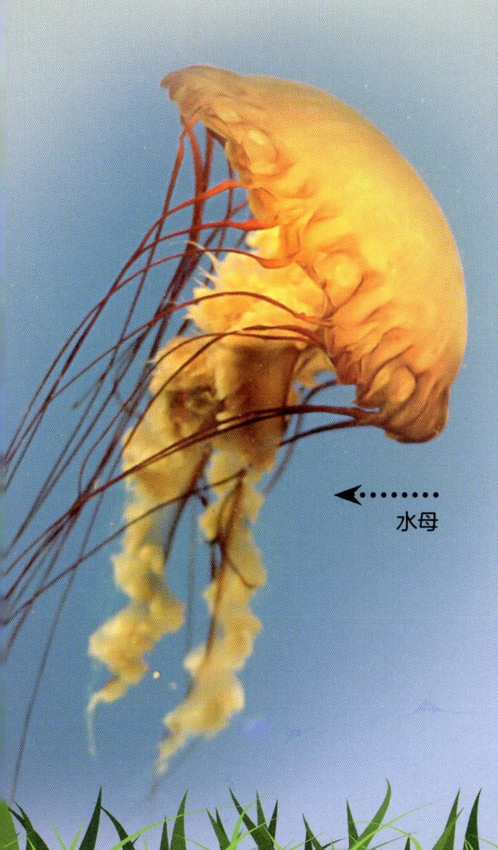

水母

寄居蟹

一些独特的动物

什么是海虫？

海虫看起来就像是普通的蚯蚓。比较有趣的一个品种是管蠕虫，它们的身体外面会形成一个管状硬壳来保护自己。

海虫

海马如何照顾它们的后代？

母海马产下卵，然后把卵放进公海马尾巴下面的腹袋里。海马爸爸照顾这些卵直到小海马孵化出来。即使在小海马孵出以后，它们仍然留在海马爸爸的育儿袋里，直到它们可以自己照顾自己。

什么是椰子蟹？

椰子蟹是生活在热带太平洋岛屿上的大型寄居蟹。椰子蟹之所以得此名，是因为它会吃椰子，并用椰子壳保护自己。这些螃蟹被当地人认为是一种美味。

章鱼有智力吗？

章鱼是很聪明的动物，有很强的学习能力。英国伦敦动物园里的一只章鱼为了拿到罐子里的螃蟹，学会了通过扭动盖子来打开罐子。

什么是海鳗？

海鳗不同于普通鳗鱼，它们没有侧鳍，但牙齿很发达。跟大部分鱼类不同，它们能向后游动。它们主要分布在热带和亚热带水域。

什么是银河海？

细菌、水母等一些种类的生物有时会发光，看起来就像是整片海洋都在发光似的。例如，阿拉伯海西部的海水通常会因为发光细菌而发光，这种现象被称为“银河海”。

什么是海马？

海马是一种头部形状像马的动物，身体表面覆盖着坚硬的吸盘和带刺的钉。它的尾巴像蛇，可以绕在海藻周围，以防在强烈的潮汐中被卷走。它的背上有一只鳍，在水中垂直移动。它的嘴就像一根管子，可以用来吸食物。

海鳗

电鳗

大王乌贼有什么特别之处？

大王乌贼是地球上最大的无脊椎动物。在北大西洋发现的一些大王乌贼有 16 米长。

电鳗能输出多少电压？

电鳗输出的平均电压为 350 伏，但有时候输出的电压能达到 650 伏。

昆虫的主要特征是什么？

昆虫大多有三对脚，头上有一对触角。有的昆虫色彩丰富，十分漂亮；而有些看起来又丑又可怕。

世界上有多少种昆虫？

世界上已知的昆虫有 100 多万种，但有人估计可能多达 1 000 万种。

昆虫是如何呼吸的？

昆虫通过身体两侧的洞（呼吸孔）呼吸。

昆虫身体的主要部分是什么？

所有的昆虫都有三对脚，它们的身体主要分为三个部分：头部、腹部和胸部。头部前端通常有一对触角。

昆虫的眼睛有什么不同寻常？

大部分昆虫有两只复眼。这些不寻常的眼睛使它们拥有 360 度的环绕视觉，也意味着它们不必转头就可以看到后面。它们能分辨颜色。因为有复眼，它们对移动图像的反应更敏捷。

昆虫的聚居地是什么样的？

昆虫是适应性较强的生物，它们可以生活在任何地方，不管是热带丛林、沙漠，还是寒冷地带。

昆虫的触角是用来做什么的？

昆虫用它们的触角来完成嗅觉和触觉。有一种拥有羽毛状触角的飞蛾，能够发现几千米外的另一只飞蛾。蟑螂的长触角可以帮助它们在黑暗中摸索方向。

所有的昆虫都会飞吗？

很多昆虫都会飞，但有些昆虫不会。会飞的昆虫有一对或者两对翅膀。蝴蝶、飞蛾、蜻蜓、蚊子和苍蝇都是常见的飞行昆虫。而有些昆虫，如跳虫、跳蚤和虱子则不能飞行。

昆虫是怎么飞的？

昆虫的翅膀都很薄，它们必须迅速拍打翅膀才能飞行。昆虫可以扭曲和转动翅膀，使它们能在空中某一点停留，甚至还能向后飞行。

昆虫有什么用处？

昆虫可以为我们生产蜂蜜、蜂蜡、丝绸和其他产品。它们还通过授粉帮助植物和农作物生长，帮助清除淤泥，也是其他生物的食物。但有的昆虫是害虫，因为它们会破坏庄稼和传播疾病。然而，只有不到 1% 的昆虫是害虫。

奇特的昆虫

世界上哪种昆虫最长？

世界上最长的昆虫是婆罗洲雨林中的竹节虫。伦敦自然历史博物馆里保存着有史以来最长的竹节虫标本。它的身长 32.77 厘米，总长度（包括腿）50.80 厘米！

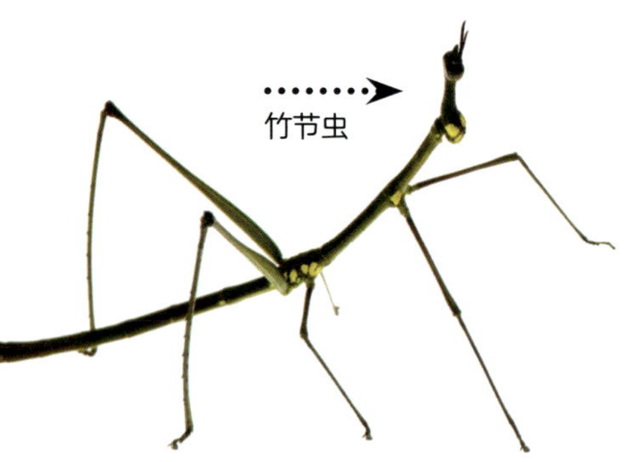

哪种昆虫跑得最快？

澳大利亚的虎甲虫是跑得最快的昆虫，时速可以达到 9.01 千米。

最早有翅膀的昆虫是哪种？

最早有翅膀的昆虫是蜻蜓。巨脉蜻蜓是一种巨大的蜻蜓，翅膀跨度约 75 厘米。

最大的蛾是哪种？

最大的蛾是亚洲阿特拉斯蛾，从前翼尖到后翼尖的距离可达 33 厘米。

哪种昆虫最大？

世界上已知的最大的昆虫是南美洲的金龟子，这种昆虫的雄性可以长到长 9 厘米、宽 5 厘米、厚 4 厘米。

哪种昆虫迁徙的距离最远？

沙漠蝗虫每年从非洲西海岸迁徙到西印度群岛的岛屿上，然后再返回，每次大约要迁徙 4 500 千米！

哪种昆虫最重？

歌利亚甲虫是世界上最重的昆虫。它的重量可达 100 克。

哪种昆虫最小？

仙蝇黄蜂是最小的昆虫，只有 0.2 毫米长。

哪种昆虫的声音最大？

蝉是声音最大的昆虫。它的声音在 400 米以外都能听到。

哪种昆虫飞得最快？

蜻蜓是飞得最快的昆虫。据统计，它每小时能飞行 157.72 千米，可以轻松地追赶上你的汽车。

蜜蜂对我们有用吗？

蜜蜂从花上采集花蜜，然后制成蜂蜜。蜜蜂采集花蜜时从一朵花飞到另一朵花上，给花朵授粉，帮助庄稼顺利生长并保持丰饶。

蜜蜂

什么是蜂蜡？

蜜蜂的腹部会分泌蜂蜡。蜜蜂要消耗1至2千克的蜂蜜才能产出0.5千克的蜂蜡。人们广泛使用这种蜂蜡来制作蜡烛、蜡笔、墨水、口红、面霜、乳液等。

青蛙甲虫到底是青蛙还是甲虫？

青蛙甲虫是一种颜色极鲜艳的甲虫，它的背部有一条鲜红色和金色的带子。它粗壮的后腿可以像青蛙一样缩回到身体下面，因此而得名。

哪种昆虫身上能得到红色染料？

胭脂虫是天然红色染料的极好来源。这种昆虫被干燥以后磨成粉末，然后进行蒸煮，从而释放出大量的胭脂红色素。这种染料用于给织物和编织材料上色。

为什么瓢虫被认为是园丁的“朋友”？

因为瓢虫以蚜虫为食，蚜虫对花园里的许多植物都是有害的。

为什么孩子都喜欢蝴蝶？

蝴蝶翅膀上丰富多彩的颜色，令孩子们着迷。除此之外，蝴蝶飞行的时候上下扑闪，也让孩子们觉得有趣。他们常常追赶并试图抓住它们。

什么是萤火虫？

萤火虫是一种在黑暗中能发光的昆虫。夏夜里，成百上千的萤火虫在一起飞舞，呈现出一幅迷人的景象，看起来像是触手可及的闪烁的星星。

昆虫能吃吗？

昆虫是可以吃的。像甲虫、蛾子、蚂蚁和一些昆虫的幼虫，在许多地区都被当作食物。

蚕蛾对我们有什么益处？

蚕蛾可以给我们蚕丝。桑蚕幼虫以桑叶为食，在它们形成蚕蛹后，被收集起来，煮沸后获得丝纤维。这些丝纤维被纺成丝线，然后织成丝绸，最后给我们制成漂亮的衣服。每一个蚕茧产的丝线可能超过1 000米长！

昆虫的家园

哪种昆虫生活在岩石下面？

粉虫大多生活在岩石下面。但也生活在原木下、动物洞穴和储藏的谷物中，大多是它们能获得足够食物的地方。

蜜蜂住在什么地方？

蜜蜂通常在地里面筑巢，也会利用一些自然洞穴，如废弃的啮齿动物的巢穴或树洞等。蜜蜂是唯一生活在蜂巢里的昆虫，它们用蜂蜡建造蜂巢。蜜蜂主要以群居生活，每个蜂群只有一个蜂王，但有许多工蜂。每个蜂群的工蜂多达 5 万到 6 万只。

杀蝉泥蜂如何建造巢穴？

杀蝉泥蜂会挖出一个大约 4 厘米宽的坑，并把挖出的土堆在洞口周围。

马利筋虫是在哪里发现的？

马利筋虫通常成群地寄生在马利筋植物上，往往在叶片的下面。

哪些昆虫会建造永久的巢穴？

蜜蜂、黄蜂和蚂蚁都会建造永久性巢穴。

普通的黄蜂窝是用什么做的？

普通的黄蜂窝是用它们咀嚼过的木纤维做的。

哪些昆虫用泥土筑巢？

泥蜂用黏土或者泥浆筑巢。

大黄蜂住在什么地方？

大黄蜂的体形较大，全身覆有绒毛，可以通过它们强健的体形和黑黄相间的颜色来进行辨认。它们主要是群居，在地上的洞里或裂缝中筑巢。与蜜蜂相比，每个蜂群只有几百只黄蜂。

大黄蜂的巢穴是什么样子的？

大黄蜂居住的巢穴，被造成足球形状。

哪些昆虫的巢穴较大？

白蚁生活在一个巨大的群体中，称为蚁群。它们巨大的巢穴由泥土和沙子组成，保护着中间的白蚁女王。

哪种蝴蝶进化出了一种保护自己不被捕食者发现的新方法？

总督蝴蝶已经进化到跟美丽但难闻的君主蝴蝶几乎一模一样的外观，以避开它们的捕食者。总督蝶本身并不难闻，它只是将自己表现出君主蝴蝶的模样，以避免被捕食。

竹节虫是如何伪装自己的？

竹节虫是伪装艺术的大师。它们可以完全融入不管是树皮还是树叶的各种环境，有时看起来总是像一根棍子。

哪种毛毛虫会把自己伪装成一根树枝？

我们称之为“寸虫”的毛毛虫会模仿树枝，也可以长时间一动不动。

叶虫是如何隐藏自己的？

叶虫，顾名思义，就是通过模仿叶脉的样子来躲避敌人。它们甚至可以模仿被昆虫或真菌破坏的叶子，或者在风中颤抖的叶子。

哪种昆虫完善了它们的隐藏技巧？

纺织娘是夜间活动的昆虫。白天不活动时，它们会利用自身的颜色保持完全静止而不被注意。纺织娘完善了自己的隐藏技巧，它们的身体颜色、形状与树叶（包括被吃掉一半的树叶、枯萎的树叶或是带有鸟粪的树叶）、树枝以及树皮高度相似。

哪种甲虫会将自己伪装成大黄蜂？

长角甲虫有黑色和橙色的条纹，看起来很像大黄蜂，但它实际上是一种不会蜇人的甲虫。

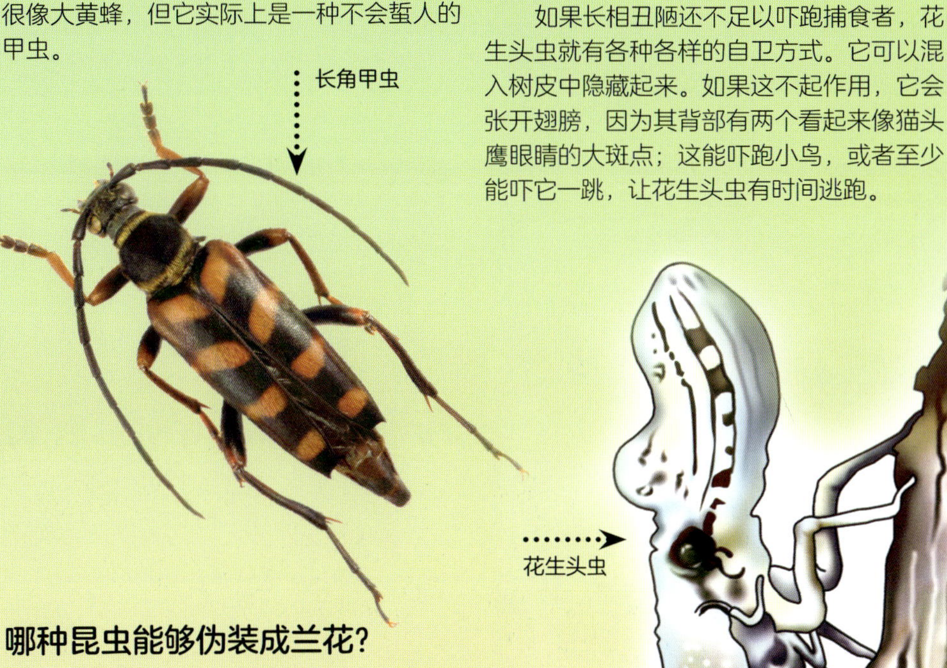

哪种昆虫能够伪装成兰花？

兰花螳螂因为能够伪装成兰花，因此而得名。

蝴蝶如何保护自己免受捕食者的伤害？

蝴蝶身上丰富多样的颜色与它们周围的环境完美融合，以至于捕食者很难发现。而且，它们的颜色会分散攻击者的注意力。美丽的印度枯叶蝶在捕食者向它们靠近时会合上翅膀，看起来就像一片枯叶，就这样消失于捕食者面前。

哪种昆虫因为颜色像蛇而躲开捕食者？

斯芬克斯毛毛虫因为有黑色、红色和黄色的颜色，与致命的珊瑚蛇相似，这让很多捕食者避而远之。

哪种昆虫有很多方法来吓唬捕食者？

如果长相丑陋还不足以吓跑捕食者，花生头虫就有各种各样的自卫方式。它可以混入树皮中隐藏起来。如果这不起作用，它会张开翅膀，因为其背部有两个看起来像猫头鹰眼睛的大斑点；这能吓跑小鸟，或者至少能吓它一跳，让花生头虫有时间逃跑。

斯芬克斯毛毛虫

你知道吗?

家蝇能将细菌带多远?

家蝇能把细菌携带到离污染源 24.14 千米以外的地方。

蟑螂没有头还能活多久?

蟑螂没有头还可以活 9 天。

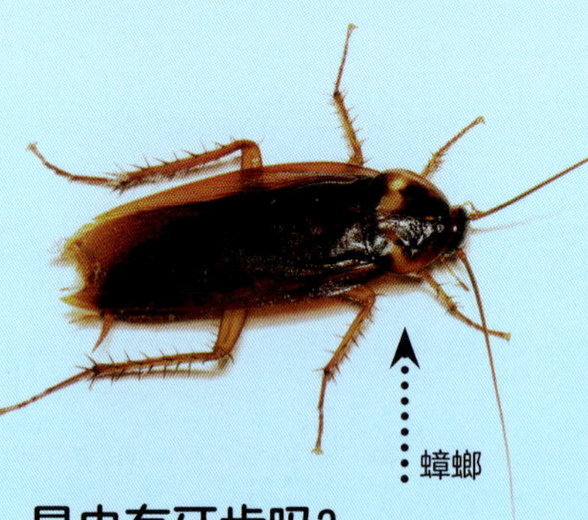

昆虫有牙齿吗?

昆虫的牙齿被称为尖牙或下颚。蚊子有 22 个尖牙。

蟑螂最喜欢的食物是什么?

蟑螂最喜欢信封和邮票背面的胶水。

蚊子是怎样发出嗡嗡声的?

蚊子发出恼人的嗡嗡声，是它们以每秒近 600 次的频率拍打翅膀的结果。

地球上昆虫的占比是多少?

昆虫约占地球上所有动物种类的 85%。

蝴蝶如何品尝味道?

蝴蝶是站在食物上品尝，它们的脚上有味觉传感器。

蝴蝶

你的身体能携带多少跳蚤?

一个人的身体可以携带超过 3 800 只跳蚤，在不卫生的情况下，它们会传播疾病。

跳蚤

一只蜜蜂生产一汤匙蜂蜜需要采集多少朵花?

一只蜜蜂需要采集 4 000 朵花才能酿出一汤匙蜂蜜。也就是说，它需要采集 200 万朵花才能酿出 0.45 千克的蜂蜜。

螳螂有什么不同之处?

螳螂是唯一一种能 360° 转动头部，并能让人类触摸它们背部的昆虫。

螳螂

恐龙的时代

什么是中生代？

恐龙主要生活在中生代，中生代分为三个时期：三叠纪、侏罗纪和白垩纪。三叠纪从2.48亿年前持续到2.13亿年前；侏罗纪从2.13亿年前持续到1.45亿年前；白垩纪从1.45亿年前持续到6 500万年前。

恐龙出现于何时？

最早的爬行动物出现在大约3.4亿年前的石炭纪时期，最早的恐龙出现在这大约1亿年后。

恐龙会飞吗？

虽然有些恐龙长得像鸟，也有看起来像羽毛的东西，但恐龙是不会飞的。

恐龙和爬行动物有什么不同？

恐龙拥有独特的臀部结构，使它们的后腿可以伸到身体的下方，而不是像爬行动物那样向外侧伸展。

恐龙是用两条腿还是四条腿走路？

在恐龙进化的过程中，它们用两条后腿走路。很久以后，一些恐龙群又回到了四条腿的姿势，大多数恐龙的后腿比前腿大。

什么是“祖龙”？

祖龙的意思是“统治者蜥蜴”。之所以得到这个名字，是因为这群爬行动物在当时比其他爬行动物更先进。祖龙有强壮的后腿，还有长而有力的尾巴，可以帮助它们游泳。

恐龙蛋是什么样子的？

恐龙是圆形或椭圆形的，有坚硬的壳。

恐龙的皮肤是什么质地？

在所有已知的恐龙品种中，只有一小部分恐龙的皮肤印痕化石被发现。这些皮肤化石中大部分都是凹凸不平的皮肤。只有巨大的食草恐龙似乎有鳞状的皮肤。

恐龙生活在什么样的栖息地？

恐龙生活在陆地上的几乎所有自然环境中，从开阔的平原到森林，再到沼泽、湖泊和海洋的边缘等。

恐龙在地球上生活了多久？

恐龙统治了地球大约1.65亿年。

“恐龙”这个词是什么意思？

“恐龙”来自希腊语，意为“恐怖的蜥蜴”。

恐龙是从什么动物进化而来的？

恐龙是从槽齿类动物进化而来，它们是“祖龙”的一种类型。

恐龙的灭绝

什么是行星撞击理论？

行星撞击理论，是指在 6 500 万年前有一颗直径 6 ～ 15 千米的小行星撞击了地球。

什么是灭绝？

灭绝是指一种生物或是一个物种灭绝的过程。如果出生率低于死亡率，最终就会导致灭绝，这是自然进化的结果。

几千万年前恐龙已经灭绝，我们如何知道得这么多呢？

恐龙的化石告诉我们很多关于恐龙的信息，不过有很多仍然存在争议。

小行星的撞击如何影响恐龙？

小行星的撞击穿透了地壳，在大气中散落大量的尘埃和碎片，还引起了巨大的火灾、狂风暴雨、酸雨、地震，甚至火山活动。这反过来可能引起化学变化，导致硫酸、硝酸等浓度增加。除此之外，撞击产生的热量可能烧毁了沿途的所有生命形式。

气候变化是如何导致恐龙灭绝的？

在白垩纪期间，由于气候的变化，恐龙吃的一些植物死亡了，随即开花植物出现，取代了大多数针叶树和其他植物。这极大地影响了恐龙，因为有一些食草恐龙，如埃德蒙特龙，只吃针叶树。

恐龙为什么会灭绝？

除了小行星撞击地球导致恐龙灭绝的可能性以外，科学家们还提出了两种主要理论来解释恐龙的灭绝。一些科学家认为是缓慢而极端的气候变化造成的。而一些科学家则认为，并不是所有的恐龙都是在白垩纪末期灭绝。

有其他生物和恐龙在同一时期灭绝吗？

爬行动物，例如，天空中的翼龙、水中的摩萨龙和蛇颈龙，都和恐龙在同一时期灭绝。

恐龙化石

已知的恐龙有多少种？

我们已知并能对其进行描述的恐龙大约有 700 种，并且还不断有新的恐龙物种被发现。

恐龙分为哪些主要类别？

科学家把恐龙分为两大类别：鸟臀目恐龙和蜥臀目恐龙。

什么是鸟臀目恐龙？

“鸟臀目”这个词的意思是“鸟的臀部”。这类恐龙有鸟一样的臀部结构。所有的鸟臀目恐龙都以植物为食，体形比蜥臀目恐龙小。

蜥臀目恐龙又分为哪些种类？

蜥臀目恐龙被进一步细分为：蜥脚类，四条腿的食草恐龙；兽脚类，两条腿的食肉恐龙。

哪些恐龙属于蜥臀目？

霸王龙、梁龙和腕龙都属于蜥臀目。

鸟臀目恐龙是现代鸟类的祖先吗？

尽管鸟臀目恐龙的臀部跟现代鸟类很类似，但实际上蜥臀目恐龙与现代鸟类祖先的关系更密切。

已知最古老的恐龙是什么类别？

我们已知最早的恐龙是始盗龙和埃雷拉龙，都是蜥臀目恐龙。它们的历史可以追溯到大约 2.3 亿年前的三叠纪中晚期。

哪些恐龙属于鸟臀目？

鸭嘴龙、三角龙和剑龙都属于鸟臀目恐龙。

什么是蜥臀目恐龙？

“蜥臀目”一词的意思是“蜥蜴的臀部”，这类恐龙的臀部结构与蜥蜴类似。蜥臀目恐龙包括了食肉恐龙和巨大的四足食草恐龙。

哪种恐龙比较聪明？

伤齿龙科的伤齿龙可能是最聪明的恐龙，其次就是奔龙。

哪种恐龙牙齿的形状像人的手？

甲龙类恐龙的牙齿，形状就像是人的手合在一起的样子。

伤齿龙

恐龙有第二个大脑吗？

早期的古生物学家曾误认为某些蜥臀目恐龙臀部的脊髓增大是它们的第二个大脑。现在的科学家认为，它们臀部的增大很可能是脂肪和神经组织，是为了控制动物的后腿和尾巴，其体积比动物的小脑大。

恐龙的牙齿掉了或是断了怎么办？

恐龙可以长出替换牙齿。因此，当一颗牙齿掉了，在原来的位置会长出一颗新的牙齿来。

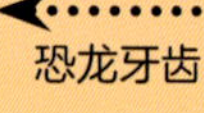

恐龙的尾巴是如何帮助平衡的？

恐龙身体的前半部分，包括头部和颈部，质量很大，因此它们需要通过巨大而沉重的尾巴来调节平衡，这样就不会向前栽倒。

恐龙的尾巴还有什么用处？

科学家们认为，恐龙可能利用尾巴来平衡身体，还可以作为武器来打击敌人。

中华龙

哪些恐龙没有牙齿？

鸟臀目恐龙没有牙齿，它们只有喙，用来吃植物、昆虫和其他小动物。

恐龙的尾巴可以用于抓取吗？

恐龙的尾巴可以缠绕，因此适宜于通过缠绕包裹来抓取物体。有人推测恐龙的尾巴就像大象的鼻子，通过缠绕抓取来筑巢，或者移动植物等。

身体上的武器

哪种恐龙的拇指上有武器？

禽龙有尖锐的前手拇指和喙，像武器一样。它用拇指作为武器来刺伤敌人的颈部，使其大量失血。木他布拉龙和无畏龙的每只脚掌上都有锋利的尖爪。

哪种恐龙带有褶皱？

原角龙的脖子上带有一圈褶皱，像一个圆形的衣领，可以像盾牌一样保护它的身体。它还有一条粗大的尾巴用来袭击敌人。

哪种恐龙有盔甲般的身体？

包头龙有一个包裹得严严实实的盔甲般的身体，可以保护自己免受敌人袭击。敌人需要把它翻过身来才能伤害它。它还可以用自己的大尾巴来攻击袭击者。

窃蛋龙是如何防御袭击者的？

窃蛋龙的前腿上有 8 厘米长的爪子。它们的脚趾上也有爪子，喙里没有牙齿，这可能有助于它们进行自卫。

三角龙有什么武器？

三角龙用它的三个角来对抗敌人。两个主要的角长约 90 厘米。它们会向捕食者发起攻击，把角深深地扎进敌人的身体。

哪种恐龙的尾巴上有刺？

剑龙的尾巴上有四个尖刺，可以刺进袭击者的身体。

剑龙

戟龙用什么武器来对抗敌人？

戟龙用它非常突出的鼻角来对抗敌人。它的头部被巨大的褶皱包围，上面还长有六根巨大的尖刺。

伤齿龙利用什么来作为武器？

伤齿龙的每只脚上都有一个可伸缩的大爪子，是刺杀的理想武器。

哪种恐龙有头部盔甲？

肿头龙有一个又大又厚的圆顶头骨，像一个盔甲。它可以用头攻击任何袭击它的敌人。

肿头龙

哪种恐龙用棍棒一样的尾巴对抗敌人？

甲龙有强壮的尾巴，这是恐龙强大的武器之一，一击就足以把敌人打倒。

窃蛋龙

恐龙的命名

恐龙是怎么命名的？

一般来说，恐龙以其身体特征命名；或以它们被发现的地方命名；或以参与发现的人命名。通常，这个名字由两个希腊语或拉丁语单词组成。

五角龙真的有五个角吗？

五角龙这样的命名并不是因为它有五个角，而是因为它脸颊上的刺状凸起比其他角龙更长。这种恐龙有非常大的褶皱，可能是用来正面抗争时威胁对方的。

慈母龙的名字是什么意思？

慈母龙名字的寓意为“好蜥蜴妈妈”。它之所以叫这个名字，是因为有证据表明它能很好地照顾幼崽。

怪兽龙为什么叫这个名字？

怪兽龙名字的意思是“鹰钩鼻蜥蜴”。它是一种大型食草动物，它们成群结队地活动，避免被一些早期的霸王龙家族成员吃掉。

哪种恐龙是以下颌命名的？

美颌龙是一种以虫子和小蜥蜴为食的小型恐龙。它有一个十分漂亮的下巴，因此得名。

哪种恐龙是以厚脑袋命名的？

肿头龙名字的意思是“厚脑袋蜥蜴”。它的头盖骨圆而厚，周围有很多骨头保护。

三角龙的名字告诉我们什么信息？

三角龙名字的意思是“三个角的脸”。它的头部有一个巨大的褶皱，每只眼睛的上方都有一个长长的尖角，可以达到 1.2 米长。鼻子上还有第三个小一点的角。

棘龙的名字从何而来？

棘龙名字的意思是“有棘的蜥蜴”。它的背上有一个巨大的帆状结构，这可能帮助它在白垩纪的气候中生存下来。

泰坦三角龙

腕龙是如何得名的？

腕龙之所以叫这个名字，是因为它的前腿比后腿长，长脖子向上翘。它的尾巴比其他大多数长脖子的大恐龙短。它名字的意思是“高胸臂蜥蜴”。

窃蛋龙的名字是什么意思？

这个名字的意思是“偷蛋贼”。它的遗骸被发现时，这只窃蛋龙正坐在一窝恐龙蛋上。发现者认为它是在偷另一只恐龙的蛋。多年以后，人们发现这些蛋就是它自己的。

霸王龙的名字是什么意思？

霸王龙名字的意思是“霸道蜥蜴王”。它被认为是有史以来最凶猛的食肉恐龙之一。

棘龙

哪种恐龙最大？

最大的恐龙是蜥脚类。它们生活在侏罗纪晚期到白垩纪早期，它们体形巨大、行动缓慢、头很小，像牛一样是食草动物。它们的脖子很长，有一条巨大的尾巴平衡身体。

哪种恐龙是第一个被科学命名的？

第一个被科学命名的恐龙是巨齿龙。而最早被发现的恐龙是禽龙，但它的命名和描述都比巨齿龙晚。

哪种肉食恐龙比较大？

阿根廷巴塔哥尼亚发现了一种名为南方巨兽龙的兽脚亚目肉食恐龙，长 14.3 米，重 8 吨，高 3.6 米。

哪种恐龙较高？

蜥脚目的腕龙是行动缓慢的食草动物，它们的前腿比后腿长，站姿像长颈鹿。

哪种恐龙体形较宽？

甲龙是体形较宽的恐龙之一。这类体形扁平的恐龙从白垩纪晚期开始出现，是行动缓慢的食草动物，尾巴像铁棒，它们的体重非常重。

激龙为什么会得到这个名字？

最早发现激龙化石的人，为了让它看起来更完整，在它的化石上涂上了石膏。这种做法并没有骗过古生物学家。当古生物学家重建它的原貌时异常激动，因此而得名。

哪种恐龙的名字最长？

小肿头龙的名字是所有恐龙中最长的。它名字的意思是“小的厚脑袋蜥蜴”。

哪种恐龙的脖子最长？

马门溪龙是一种食草动物，是已知的脖子最长的恐龙。它全长 20 多米，而脖子占了身长的一半左右，它的身高是现在普通成年男子的五倍多。

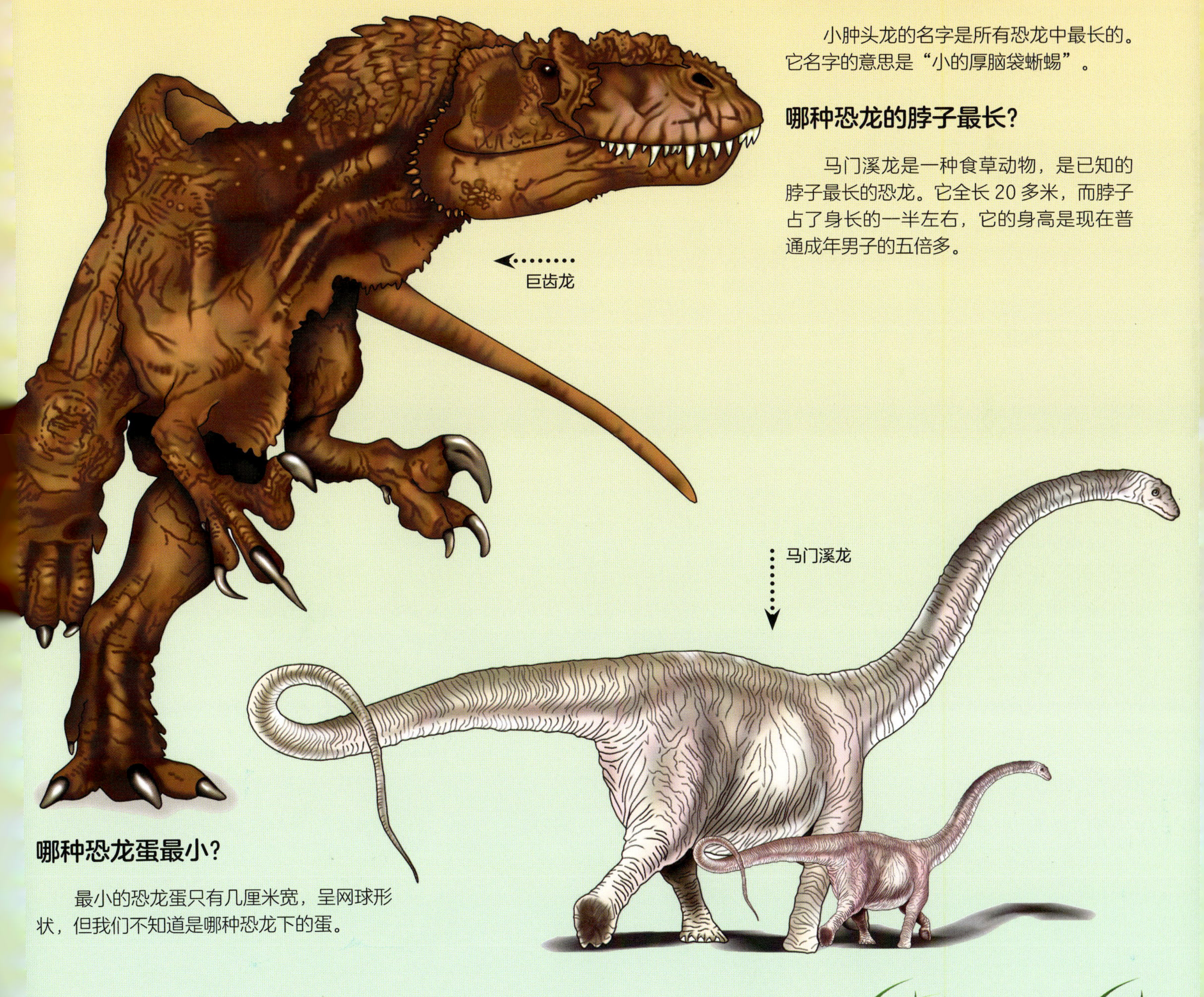

哪种恐龙蛋最小？

最小的恐龙蛋只有几厘米宽，呈网球形状，但我们不知道是哪种恐龙下的蛋。

更多的趣味百科

哪种恐龙跑得最快？

很难知道恐龙确切的奔跑速度，但最快的恐龙可能达到每小时 70 千米。其中包括似鸡龙、似鸟龙、腔骨龙和迅猛龙。

什么地方的恐龙比较多？

加拿大艾尔伯塔省的恐龙公园迄今为止已发现了 35 种不同的恐龙化石。

哪种恐龙戴着头盔？

冠龙名字的意思是“戴头盔的蜥蜴”。因为它头顶上有一个像鸡冠一样的骨质头冠，就像古代科林斯武士的头盔。

哪种恐龙的寿命较长？

生活在侏罗纪时期的巨型蜥脚类恐龙是一种长颈食草动物，脑袋小尾巴长，据估计它们的寿命约为 100 年。

哪种恐龙最强壮？

甲龙有惊人的硬甲头部和身体，就像坦克一样坚固。身体背部还有几排粗糙的圆钉，更加固了它们的盔甲。它还有一个强壮的尾巴，尾端奇特地分为两半。

迅猛龙

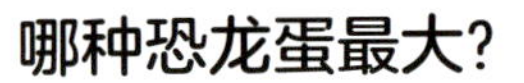

哪种恐龙蛋最大？

最大的恐龙蛋属于生活在 8 000 万年前的巨龙。这些蛋的尺寸为 300 × 255（毫米），1961 年在法国南部被发现。

甲龙

哪种恐龙较重？

巨超龙是最重的恐龙之一，是一种生活在侏罗纪晚期的恐龙，体重可能达到 55 吨，比现在的大象还要重很多倍。

哪种恐龙的牙齿最多？

鸭嘴龙的牙齿最多，有将近 1 000 颗颊牙。

美颌龙

哪种恐龙最古老？

南十字龙是目前发现的最古老恐龙，它们生活在 2.3 亿年前的南非，可能与侏罗纪和白垩纪的巨型肉食恐龙关系密切。

哪种恐龙最长？

梁龙属于蜥臀目恐龙，是陆生动物中最长的，但不是最重的。最大的梁龙重达 15 吨，长 27 米。

哪种恐龙最小？

尽管存在 些争议，但大多数人认为最小的恐龙是美颌龙。它是一种鸟状恐龙，用两条细长的腿行走，每只脚上有三个脚趾。它们身长 0.7 ~ 1.4 米，是肉食动物，以昆虫和蜥蜴这样的小动物为食。

所有巨大的史前动物都是恐龙吗？

并不是所有的史前动物都是恐龙。在中生代时期，有许多其他动物与恐龙同期存在，比如翼龙就和恐龙关系密切。而其他动物，例如生活在古生代的异齿龙，是在恐龙出现之前就存在的，它们与我们的关系比与恐龙的关系更为紧密。

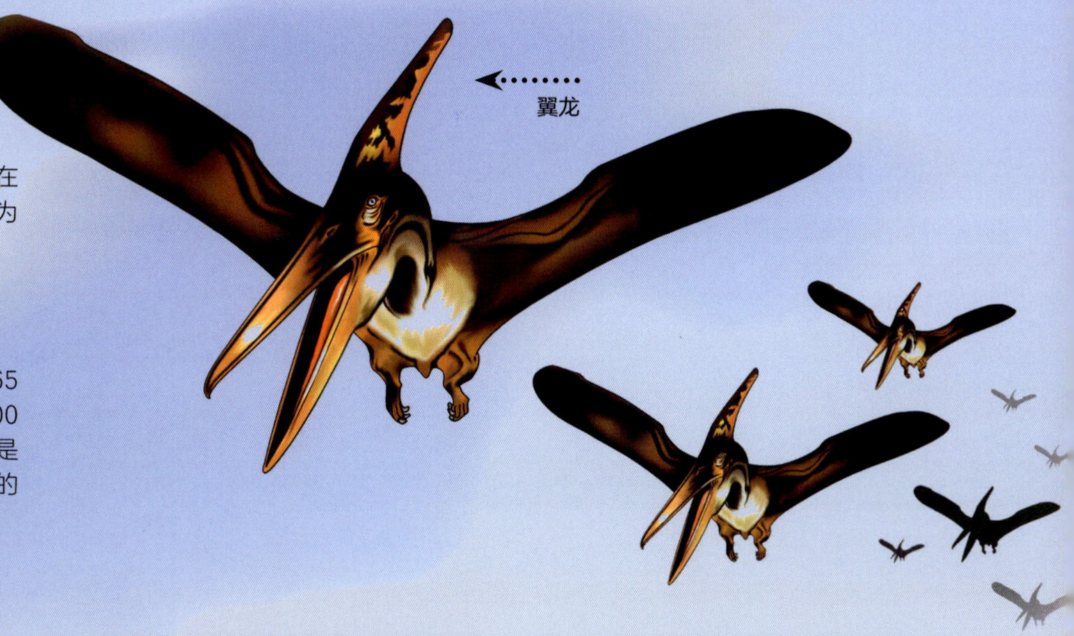

恐龙是在生存竞争中失败了吗？

不是，事实上恐龙统治了地球约 1.65 亿年。相比之下，人类只存在了大约 100 万年。就地质时代的存在而言，恐龙几乎是一直存在的动物，因为鸟类很可能是它们的后代。

恐龙是行动迟缓的动物吗？

早期的古生物学家认为恐龙一定缓慢而迟钝，所以才会在进化竞争中败给了鸟类和哺乳动物。现代研究并没有发现能够证明它们拖沓懒散地拖着尾巴的证据，相反很可能大多数恐龙大概都和现代大型哺乳动物一样活动自如。

有恐龙会游泳或者飞行吗？

所有的恐龙都生活在陆地上，没有一种生活在海里，或者能够飞行（直到后来鸟类的出现）。而会飞的翼龙和会游的鱼龙都不是恐龙，尽管它们是近亲。

恐龙都是同时存在和灭绝的吗？

恐龙在地球上存在了大约 1.65 亿年。不同种类的恐龙存在于不同的时代。但是所有的恐龙物种在整个中生代时期进化并走向灭绝。

人类和恐龙同时存在过吗？

尽管有些文学作品中有人类洞穴居民猎杀恐龙的描述，但这并不是真实的。在恐龙灭绝后的大约 6 500 万年，人类才开始出现。

恐龙时代有哺乳动物存在吗？

小型哺乳动物在恐龙的阴影下生活了超过 1.5 亿年。合弓纲动物是哺乳动物的祖先，它们在恐龙之前进化，但在进化竞争中输给了恐龙。到 2.95 亿年前，仅存的合弓纲动物已经缩小到只有 2 克小的哺乳动物，靠吃昆虫和蠕虫生存，很像现代的啮齿动物。哺乳动物一直保持小型体形，直到距今约 6 500 万年前，恐龙灭绝以后，才有了生长的空间。

超级建筑

高楼、雕像、水坝、隧道和桥梁是我们生活的一部分。一些建筑是新的，一些还在建设中，一些已经存在了几个世纪。一些建筑非常高大宏伟，已经成为了地标，成为了超级建筑。

跨越时代的工程

自从人类开始建造房屋、寺庙和其他类似的建筑，就一直在尝试创造新的建造方法。由于古代掌握的知识和技术有限，因此古代建筑更令人着迷。人们设计出独特而有创造性的方式来运输建筑材料，并创造出至今依然存在的复杂且美丽的建筑。

古希腊人建造帕特农神庙。古希腊人使用的是当时非常先进的创新的建筑方法。

埃及吉萨大狮身人面像的建造。

古代技术

每一种文化都会发展自己的技术，以建造符合所处时代需要的独特建筑。古罗马的渡槽和古巴比伦空中花园揭示了古代人民在公共工程方面所拥有的丰富知识。希腊历史学家斯特拉博描述了空中花园是如何进行灌溉的。因为古巴比伦几乎没有降雨，所以必须用幼发拉底河的水来灌溉空中花园。斯特拉博说，花园里的水是用装在链条泵上的水桶提上来的，而链条泵是用轮子以及连接在上面的链条驱动的。当轮子转动时，水桶把水从河里运到山顶的一个水池。然后，水池里的水被释放到沟渠中，再输送到花园里。

令人惊奇的古罗马人

古罗马人以他们在公共工程方面的天赋而闻名。他们的水利科学知识在渡槽建设中体现得很明显。渡槽依靠重力来运输水，因此，渡槽水流的水位保持在高于运输目的地城市的水平。水的来源通常是山区的泉水，所以可以往下流。古罗马人使用高压虹吸管或管道将水输送过山谷。为了修路，古罗马人首先是挖沟渠。渡槽沟渠的底部是平的，上面覆盖着扁平的石头。然后用小一点的石头、混凝土和另一组连接的扁平的石头再次覆盖。整个沟渠的两端有缓慢倾斜的坡度，以便水流出。

古罗马人是伟大的工程师，他们会修建道路、隧道和桥梁。

材料运输

埃及的金字塔是古代工程壮举的一个例子。据说古埃及人用磨光的石头制成一个斜面，从尼罗河一直延伸到建筑工地。根据希腊历史学家希罗多德的说法，古埃及人通过斜坡运输石灰石。随着建筑物的高度不断上升，石头需要放在叠放的木块上面，才能被拉到所需的高度。

人们认为，古代的人从很远的地方拖移或者滚动巨大的石头，建造了英国威尔特郡的巨石阵石圈。

古代石质奇迹

埃及方尖碑

方尖碑是一整块石头，或是单独矗立的一块石头。这些宏伟的建筑是古埃及法老建造的。在罗马皇帝统治时期，几个方尖碑被重新转移到今天的意大利。事实上，在现存的 21 座方尖碑中，有 13 座位于意大利罗马。位于罗马圣乔瓦尼广场的拉特兰方尖碑是世界上最大的直立方尖碑。这座方尖碑的建造始于图特摩斯三世统治时期，最终由他的儿子图特摩斯四世建造完成。方尖碑通常是成对建造的。位于卡纳克神庙前的拉特兰是唯一一座单个的方尖碑。

百科档案

- 拉特兰方尖碑：高32米，重455吨。
- 埃及卢克索神庙的方尖碑：由拉美西斯二世建造。
- 现存最古老的方尖碑：由塞索斯特里斯一世建造，位于埃及开罗。
- 克利奥佩特拉的方尖碑：这是一对方尖碑，一个位于美国纽约中央公园，另一个位于英国伦敦维多利亚的河堤。

在现存的21座方尖碑中，有13座位于意大利罗马。

巨石阵

没有人确切知道巨石阵建造的原因。但我们知道巨石阵是世界上最大、最古老的石圈。这个石圈有一个巨大的水渠，被一圈巨大的石阵包围。主石圈位于整个石圈的中心，最初由至少 98 块巨石组成。另外里面还有两个更小的内环。两者中较小的一个被称为北部内环（有 27 块石头），而另一个被称为南部内环（有 29 块石头）。肯尼特道大道和贝克汉普顿大道从主场地延伸出来，每一条道路上都有大约 100 块立石。

百科档案

- 修建时间：公元前4000年至公元前2000年。
- 位置：英国威尔特郡埃夫伯里。
- 石圈直径：425 米。
- 石块高度：6 米。
- 外环直径：421 米。
- 北环直径：98 米。
- 南环直径：108 米。

巨石阵是世界上最大和最古老的石圈。

百科档案

- 修建者：尼布甲尼撒二世。
- 建造时间：公元前6世纪 。
- 高度：认为它的高度超过25米。
- 长度宽度：根据西库卢斯推测均为122 米。
- 使用的材料：使用了砖、沥青、石板和铅板。

古巴比伦空中花园

人们认为，古巴比伦国王尼布甲尼撒二世为他的妻子阿米提斯建造了空中花园，因为阿米提斯对她的家乡那充满绿色的山林满怀思念。为了取悦妻子，国王下令在山顶上建造著名的梯田花园。虽然这个故事很浪漫，但现代历史学家认为，空中花园可能并不存在，这也许只是斯特拉博和狄奥多罗斯·西库卢斯等希腊著名历史学家的想象。

传说中的古巴比伦空中花园。

古罗马渡槽

古罗马的渡槽能将水从 95 千米外的地方输送到城市里！高处的山泉水是通过地下隧道送到城市的。只要地面上有下陷，就必须建造墙壁或拱门来保持水位和压力。在这个城市里，水被储存在一个叫作“城堡”的大水箱里，再从那里被分配到公共喷泉和浴室等地方。

法国的古罗马渡槽。

加利福尼亚渡槽

世界上有几个地方仍在使用渡槽。现代渡槽最好的例子之一是加利福尼亚渡槽，它的一头从萨克拉门托河三角洲延伸到河滨县的佩里斯湖，另一头延伸到洛杉矶国家森林的卡斯泰克湖。虽然加利福尼亚渡槽不像罗马渡槽那么漂亮，但 715 千米的长度使它成为世界上较长的渡槽。

加利福尼亚渡槽的平均宽度为12米，深度为9米。

百科档案

著名的古罗马渡槽

- 维戈水渠：21千米。
- 克劳迪娅渡槽：70千米。
- 玛西亚渡槽：91千米。
- 新阿尼奥渡槽：95千米。
- 亚必渡槽：16千米。

巨型体育场

马拉卡纳体育场

这个体育场的修建起源于 1950 年的国际足联世界杯。巴西被推选为当年这项盛事的主办国。为了这一重要赛事，巴西政府委托建造了一座世界上史无前例的巨型体育场——马拉卡纳体育场。作为世界上最大的足球场之一，马拉卡纳曾经可以容纳近 20 万观众！然而，在 1998 年体育场改为全座位时，它的容量减少了。

1998年，马拉卡纳体育场改成了全座席，容量也随之大大减少了。

百科档案

- 位置：巴西里约热内卢。
- 修建时间：1948年。
- 竣工时间：1950年6月16日。
- 座席容量：全座席约10万人。

趣味百科

体育场的椭圆形设计可能是为了防止参与者被拥挤到角落里。此外，这种形状还可以让观众离主运动场更近。

温布利球场

1966 年，英格兰队在温布利球场赢得了首次也是唯一一次足球世界杯。现在，这座著名且备受关注的体育场进行了重整。新体育场容量更大，可容纳近 9 万人。新体育场令人惊叹的特点是它有一个单跨滑动屋顶，被称为世界上最长的单跨屋顶。新体育场有一个巨大的拱门，也是屋顶的支撑，取代了老温布利球场的双子塔。

新温布利球场将成为欧洲造价最高的体育场，并拥有欧洲最大的屋顶座位容量。

百科档案

- 位置：英国伦敦温布利路。
- 原体育场修建时间：1923 年。
- 重建时间：2007 年。
- 座席容量：90 000 人。
- 屋顶跨度： 315 米。
- 拱门高度：133 米。

巨型纪念碑

庙塔

庙塔是巨大的阶梯建筑，顶部有一座神庙。由古代美索不达米亚人建造的庙塔被认为是“通往天堂的阶梯”。那时，人们相信这些庙塔能让他们更接近上帝。尼布甲尼撒二世统治时期的一座庙塔，常与《圣经》中的“巴别塔”联系起来。现存的庙塔约有30座，以乌尔的大庙塔最著名。

《圣经》中的“巴别塔”，也被古巴比伦人称为“埃特曼安吉庙塔”。

亚历山大灯塔

在古代世界奇迹中，亚历山大灯塔是唯一一座具有实用意义的建筑。因为它所在的岛屿，也被称为“法罗斯灯塔”，由埃及国王托勒密·索特建造。法罗斯灯塔在设计上与现代灯塔大不相同。它的底部是方形的，中部是八角形，顶部是圆形，塔上还安装了一面镜子，可以反射白天的阳光。

夜晚，灯塔顶部点起灯火，提醒过往船只注意礁石的危险。

百科档案

- 建造者：修建始于托勒密一世索特；由托勒密二世建成。
- 修建时间：公元前280年至公元前278年。
- 设计者：索斯查图斯。
- 估计高度：134 米。
- 被毁时间：在1303年和1323年的地震中被摧毁。

罗德岛巨像

亚历山大大帝死后，他的帝国被他的将军们瓜分了。在随后的权力争夺战中，罗德岛人民与埃及托勒密·索特结盟。亚历山大的另一位将军安提柯被这一联盟激怒，派他的儿子德米特里入侵该岛。然而，罗德岛因为有城墙的保护而挡住了侵略者的脚步，德米特里不得不撤退。为了庆祝自己的胜利，罗德人决定建造一座纪念太阳神赫利俄斯的雕像。在公元前 226 年的一场地震中被摧毁前，罗德岛巨像在港口入口处守卫了 56 年。自由女神像的灵感也来源于罗德岛巨像，代表罗德人民自由和团结的意志。

罗德岛巨像在古希腊城市的港口守卫了56年。

百科档案

- 位置：现在的希腊罗德岛曼德拉基港。
- 设计者：卡洛斯。
- 修建时长：12 年。
- 建筑材料：铁和青铜，以及大理石基座。
- 高度：34 米。
- 底座高度：15 米。

趣味百科

据说，亚历山大灯塔上的镜子反射距离可以达到海岸以外50多千米。传说中的镜子被认为可用来聚焦太阳光以点燃敌人的船只！

横滨海洋塔

日本横滨山下公园里的海洋塔灯塔和亚历山大灯塔完全不同。这座现代化的钢制灯塔高 106 米，是世界上最高的灯塔。它还有一个高约 100 米的天文台，从那里可以看到富士山。

横滨海洋塔是为了纪念横滨港开放100周年而建造的。

现代巨型建筑

人类建造大型建筑的热情似乎永无止境。无论是摩天大楼、水坝、隧道还是桥梁，我们人类一直致力于建造卓越又能永存的建筑。此外，现代建筑机械，例如起重机、挖掘机、推土机，使修建这些大型建筑变得更加容易。

摩天大楼的建造最初充满了危险。今天，像起重机这样的机器使建筑过程更安全、更容易。

层出不穷的建筑风格

尽管“摩天大楼”这个词相对较新，但高层建筑已经存在了几百年。城堡、金字塔、灯塔和教堂扶壁的光芒慢慢褪去，让位给了现代世界的百层高楼。18 世纪开始的工业革命见证了钢铁等新型建筑材料的发明和使用。大多数现代摩天大楼都是钢筋混凝土结构，加强了建筑强度的同时还让它变得更轻。

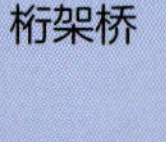

桁架桥

桥梁

最初的桥梁仅仅由一块木板组成，而如今的桥梁是可以跨越几百米河面的复杂建筑。桥梁有很多种：梁桥是由两边桥墩支撑的简单结构；桁架桥是由一系列三角形排列的直钢筋构成；拱桥的半圆形结构使其非常坚固。古罗马人建造的石拱门至今仍然存在。如今，拱桥主要由钢筋混凝土制成。在悬索桥中，道路由结实的钢缆提拉固定，钢缆通过两个称为锚固的混凝土块固定塔架连接。

悬索桥

拱桥

隧道

在古代，隧道主要用作秘密通道。而在古罗马，隧道被用来远距离引水。今天，隧道为公共交通提供了选择，更有效地利用了空间。隧道施工的基本要素包括挖通土。隧道一旦开始挖掘，就要用坚固的材料作支撑，同时铺设道路或铁路轨道。水下隧道难度更大，工程师们要使用加压的挖掘室以防止水涌入隧道。如今，人们可以先建造分段隧道，然后在水下组装。

挖掘隧道时，工程师必须确保隧道周围的区域得到结实可靠的支撑，以防止隧道坍塌。

水坝

与其他建筑一样，水坝也已成为我们生活中不可或缺的一部分。这些巨大的建筑物不仅可以防止洪水泛滥，还可以将水储存起来用于灌溉和发电。狭窄的岩石地区通常使用拱坝。这些薄而弯曲的水坝需要的材料较少，而且它们自身的形状可以挡水。扶壁坝是由钢筋混凝土制成，由一系列支架进行支撑。堤坝很重，主要由土石建造。它们有一个防水的核心，防止水进入建筑内，而大坝本身的重量也能作为一个抵御水的屏障。仅依靠自身重量挡水的巨大水坝叫重力坝，这些大坝是由数百万吨混凝土建造的，造价昂贵。

水坝必须非常坚固，才能够承受住波涛汹涌的河流。

中国台北101大楼

台北金融中心，俗称“台北101”，曾经是世界上最高的建筑物。它有101层！但并不意味着要花很长时间才能到达塔顶。这一工程奇迹还曾以拥有世界上最快的电梯而著称。它的电梯以高达60千米/时的速度运行，仅需40秒就能将你从底层带到顶层！台北101大楼的设计可以经受强烈地震。它有一个巨大的金色金属球安装在第92层。这种金属球被称为阻尼器，设计目的是在遇到强风或地震时，可以来回摆动，以缓冲建筑物的摇摆与振动。

百科档案

- 位置：中国台湾台北市信义路。
- 高度：508米。
- 设计者：李祖原联合建筑师事务所。
- 修建时间：1999年6月。
- 开放时间：2004年12月31日。

台北101大楼地处地震多发区，据称能够承受强烈的地震。

百科档案

- 位置：马来西亚吉隆坡。
- 高度：452米。
- 设计者：西萨佩里建筑事务所。
- 修建时间：1993年。
- 开放时间：1999年8月28日。

1999年，肖恩·康纳利和凯瑟琳·泽塔·琼斯主演的电影《偷天陷阱》曾在石油双子塔拍摄。

石油双子塔

石油双子塔是世界上最高的双塔建筑。双子塔的几何设计灵感来自于传统的伊斯兰图案。它的设计方案是一个内角有圆弧的八角星。这一图案象征着团结、和谐和稳定。每座塔高88层，共有30 000多扇窗户！这座建筑的另一特点是在第41层和第42层之间有一个长58米的双层天桥，连接两座塔楼。

西尔斯大厦

在长达二十多年的时间里，美国芝加哥的西尔斯大厦保持了世界最高摩天大楼的纪录。在一座风大的城市里建摩天大楼对设计师来说是一个很大的挑战。建筑师布鲁斯·格雷厄姆和结构工程师法兹勒·汗提出了一种独特的管状设计——底部较宽，顶部较窄。西尔斯大厦的造型有如 9 个高低不同的方形空心筒子集束在一起！这种设计能抵挡芝加哥的强风。

百科档案

- 位置：美国伊利诺伊州芝加哥。
- 高度：442 米。
- 设计者：布鲁斯·格雷厄姆。
- 修建时间：1970 年8月。
- 开放时间：1973年开放，但在1974年才全部完工。

趣味百科

“蜘蛛人”亚伦·罗伯特是一个来自法国的攀岩者。他的独特爱好就是爬摩天大楼！这位现实生活中的“蜘蛛侠”，在没有任何安全防护的情况下，徒手爬上了西尔斯大厦。在8年的时间里，亚伦已攀登了70多座摩天大楼和纪念碑！

西尔斯大厦设计了在强风中可以摇摆91厘米的振幅。

除了“自由塔”，世贸中心的重建计划还包括另外4座办公楼。

自由塔

在 2001 年 9 月的恐怖袭击中被摧毁的世贸中心双子塔被重建为“自由塔”。塔高 541.4 米，包括一个 84 米的尖顶。由来自柏林的建筑师丹尼尔·利伯斯金德完成设计。塔顶安装了广播天线和风车，预计能满足整栋大楼 20% 的电力需求。除了“自由塔”，重建计划还包括另外四座办公楼和一座纪念恐怖袭击受害者的纪念碑。

青函隧道

青函隧道的修建源于一场悲剧。在日本修建这条隧道之前，渡船是穿越津轻海峡的唯一途径。然而，在1954年，5艘渡轮在台风中沉没，1 400多人遇难。政府不得不想一个更安全的替代方案。因为当地气候的原因，桥梁也同样危险，工程师们提议修建一条水下隧道。然而，这并不容易，因为海峡下面的火山岩非常不稳定，隧道掘进机无法使用，工人们不得不靠人工炸开岩石来取代。

百科档案

- 作用：连接了日本本州岛和北海道。
- 总长度： 53.8 千米。
- 水下长度：23.3 千米。
- 修建时间：1964 年。
- 通车时间：1988年。

青函隧道是目前世界上最长的海底隧道。

洛达尔隧道的特殊照明旨在让司机保持清醒，以防止事故发生。

洛达尔隧道

位于挪威的洛达尔隧道是世界上最长的公路隧道，它穿过一座高高的山脉，这条隧道在卑尔根市和奥斯陆市之间提供了一条捷径。相对于山区里狭窄冗长的道路，隧道是更为安全的选择。洛达尔隧道被认为是世界上最安全的隧道之一。它的一个独特之处是有三个山洞或叫“大厅”，设计目的是在隧道另一端发生火灾时让车辆可以掉头。隧道里还安装了警报系统以提示危险。

百科档案

- 作用：连接了挪威西部的莱达尔和奥兰。
- 总长度：24.5 千米。
- 修建时间：1995 年。
- 建成时间：2000年。
- 通车时间：2000年11月27日。

泰晤士河隧道

1825 年之前，在泰晤士河下挖一条隧道的尝试均以失败告终。后来，法国工程师马克·伊桑巴德·布鲁内尔想到建造一个隧道盾的巨大铁箱，这是一种能够在松软的泥土里挖掘的机器。箱子里的工人们挖出了隧道，并用砖块进行固定支撑，还可以作为盾牌抵挡土壤的渗入。终于在 18 年后，1843 年，世界上第一条水下隧道完工。这条隧道最初是为马车修建的，1865 年改为铁路隧道，1913 年成为伦敦地铁的一部分。

泰晤士河隧道最初是为马车建造的，1865年改为铁路隧道。

青马大桥

青马大桥是世界上最长的汽车和火车双层悬索桥之一。中国香港青马大桥连接青衣岛和马湾岛。大桥的主体部分横跨马湾海峡，全长1 377米。桥的上层有六条车道供车辆通行，而下层有两条铁轨。

百科档案

- 作用：连接了中国香港的青衣岛和马湾岛。
- 修建时间：1992年5月。
- 建成时间：1997年5月。
- 高度：206米。

青马大桥位于青衣岛和马湾岛之间。

大贝尔特海峡大桥

丹麦的大贝尔特海峡大桥横跨大贝尔特海峡，连接西兰岛和菲英岛。该项目由三个不同的施工段组成：东部公路交通桥、东部火车隧道和西部公路车辆与火车桥。

百科档案

- 作用：连接了丹麦西兰岛的哈尔斯康和菲英岛的克努舍夫。
- 修建时间：1987年。
- 铁路通车时间：1997年6月。
- 公路通车时间：1998年6月。
- 中跨长度：1 624米。
- 高度：254米。

大贝尔特海峡大桥的两个塔架高为254米，是丹麦的最高点。

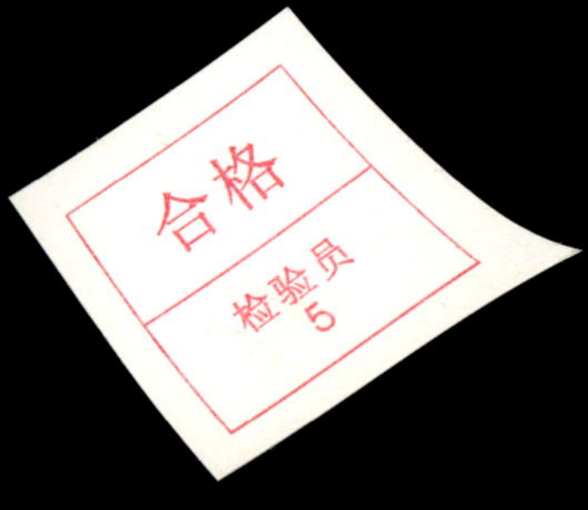

明石海峡大桥

明石海峡大桥被认为是世界上最长的悬索桥。最初，这座桥应同时服务于铁路和公路交通。但在施工开始后，又改为仅限道路交通。明石海峡大桥的两座桥塔高 298.3 米，是世界上最高的。这座桥还设置了逆风摇摆的质量阻尼器，这样可以抵消高达 290 千米 / 时的风速产生的影响！

趣味百科

曾经有人提议在意大利南部西西里岛和卡拉布里亚岛之间修建一座有史以来最长的悬索桥。这座桥的主跨径计划为3 300米，是现在的最长悬索桥保持者明石海峡大桥主跨径的1.5倍以上。

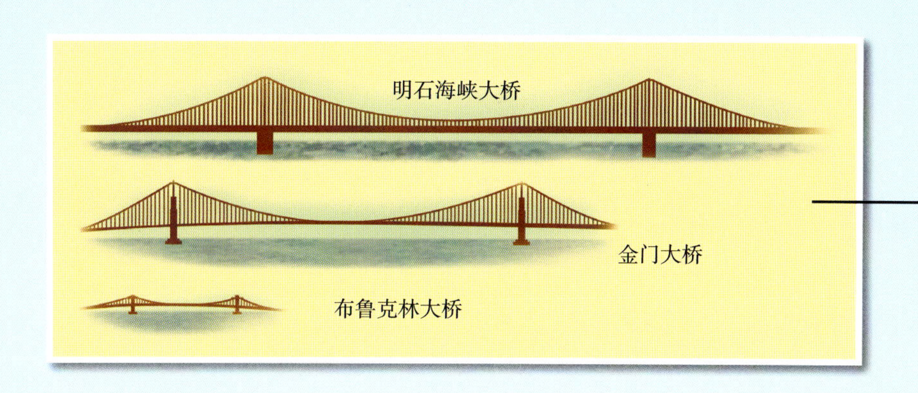

日本明石海峡大桥与其他悬索桥的对比。

百科档案

- 作用：连接了日本神户和明岛。
- 修建时间：1988年5月。
- 建成时间：1998年。
- 中跨长度：1991米。
- 高度：298.3 米。

更多巨型桥梁

庞恰特雷恩湖堤道

庞恰特雷恩湖堤道是世界上最长的水上公路桥之一。这是两座平行的桥梁，每座桥长约 39 千米，连接美国路易斯安那州的曼德维尔和梅泰里。建造桥梁所用的混凝土是预制的，并用驳船运到湖上的施工点。桥就这样在工地上组装起来。

百科档案

- 作用：连接美国路易斯安那州的曼德维尔和梅泰里。
- 第一座桥修建时间：1955年。
- 第二座桥修建时间：1967年。
- 第一座桥通车时间：1956年8月30日。
- 第二座桥通车时间：1969年5月10日。

庞恰特雷恩湖堤道有9 500个直径约140厘米的空心桩支撑。

卢浦大桥

中国上海的卢浦大桥曾是世界上最长的钢拱桥。卢浦大桥的桥拱长 550 米，比美国西弗吉尼亚州的新河峡大桥的桥拱还要 长 32 米。卢浦大桥拱由 27 段组成。这座长 3.9 千米的大桥横跨上海黄浦江。

百科档案

- 位置：中国上海。
- 修建时间：2000年。
- 通车时间：2003年6月28日。
- 桥拱长度：550米 。
- 桥拱高度：100米。

每天有超过6万辆车经过卢浦大桥。

伦敦塔桥

19 世纪伦敦的迅速扩建加大了人们对于渡河的需求。为此，在 1876 年，一个特别委员会成立了，随后诞生了伦敦塔桥。这座塔桥是由霍勒斯·琼斯爵士设计的，它的独特之处是桥面可以抬高，让下面的船只通过。塔桥的活动结构或者可移动桥面可以在不到 1 分钟内升起。除了公路道路，这座桥还包括两条玻璃人行道，位于大桥的双塔之间。

伦敦塔桥的活动结构或可移动桥面可以在1分钟以内升起。

悉尼港湾大桥

悉尼港湾大桥在澳大利亚被称为“衣架”，它和旁边的悉尼歌剧院一样广为人知。桥上的路叫作布拉德菲尔德公路。这座桥由八条公路车道、两条铁路轨道和一条自行车道组成。悉尼海港大桥被认为是世界上最宽的桥梁。

百科档案

- **作用**：连接了澳大利亚悉尼道斯角和米尔森角。
- **修建时间**：1923年。
- **竣工时间**：1932年3月19日。
- **桥拱长度**：503米。
- **桥面宽度**：48.8米。

悉尼港湾大桥的桥拱长503米。

胡佛水坝

征服科罗拉多河是千百万美国人长久以来的梦想。1931 年当这项工程开始时，成千上万的美国工人涌向亚利桑那州和内华达州交界处的黑峡谷。然而，工人们不得不首先炸开一条穿过峡谷岩壁的巨大隧道使河流改道。实现了这一目标，工人们又花了 5 年的时间来建造胡佛水坝——这是世界上最大的大坝之一。

百科档案

- 位置：美国亚利桑那州和内华达州边界。
- 修建时间：1931 年4月20日。
- 建成时间：1936 年3月1日。
- 用途：水力发电、防洪、灌溉。
- 水库：米德湖。
- 建筑材料：混凝土。
- 高度：221 米。
- 坝顶长度：379 米。

胡佛水坝是一个重力大坝。

三峡大坝

几个世纪以来，中国长江与黄河流域的百姓深受洪水泛滥的困扰，中国在其最长的河流长江上建设了世界最大的水坝。除了控制洪水，三峡大坝还用于发电和灌溉。

大古利水电站

大古利水电站是世界第三大水电站，是哥伦比亚盆地项目的一部分，该项目是为灌溉哥伦比亚河高原和美国西部干旱地区而设立的。然而，在 1941 年大坝竣工时，因为第二次世界大战期间对电力的需求增加，大坝最初设计的用途被搁置。不过战后，灌溉变得越来越重要，今天，大古利水电站拥有美国最大的灌溉网络。

大古利水电站是世界上最大的混凝土建筑之一。

百科档案

- 位置：美国华盛顿哥伦比亚河。
- 修建时间：1933年12月。
- 建成时间：1941 年。
- 用途：水力发电、灌溉、防洪。
- 水库：富兰克林·罗斯福水库。
- 建筑材料：混凝土。
- 高度：168 米。
- 坝顶长度：1 592 米。

空中巨无霸

安-225运输机

安-225运输机是世界上最大的飞机，是为苏联航天计划运输重物而建造的，特别是为运输暴风雪号航天飞机。它能运载200吨货物，航程约4 500千米。然而，暴风雪号航天计划被搁置，安-225运输机也一直处于停用状态，直到2001年才再次投入使用。

百科档案

- 建造者：基辅安东诺夫设计局。
- 长度：84米。
- 翼展：89米。
- 发动机：6个。
- 巡航速度：800～850千米/时。
- 首次航行：1988年12月21日。
- 开始服役：1989年。

暴风雪航天计划被搁置后，安-225运输机也暂停使用。

空中客车A380

世界上最大的客机是空客A380。A380至少可以搭载555名乘客，其长度相当于两头成年蓝鲸，它的翼展几乎和足球场一样宽！这架飞机的巨大尺寸迫使世界上一些主要机场不得不重新考虑它们是否有足够的空间容纳。

百科档案

- 建造者：欧洲空中客车公司。
- 长度：73米。
- 翼展：80米。
- 载客量：555～840位乘客。
- 发动机：4个。
- 巡航速度：1 014千米/时。
- 首次航行：2005年4月。
- 开始服役：2007年。

空客A380的设计者亲切地称它为“绿色的巨人”。

米-26直升机

建造能够运载大型货物的重型直升机是苏联米尔莫斯科直升机工厂的专长。这家工厂由苏联航空工程师米哈伊尔·米尔创建，该工厂最为自豪的就是拥有世界上最大的直升机米-26。米-26沿用了该工厂的第一架直升机米-6的线条设计。不过，米-26更为优雅，也是世界上最受欢迎的重型直升机之一。它是第一架主旋翼上有8片桨叶的直升机。

米-26主要用于军事运输，但也有民用版本。

百科档案

- 建造者：米尔莫斯科直升机工厂。
- 长度：40米。
- 高度：8.1米。
- 最大负载：20 000千克。
- 发动机：2个。
- 巡航速度：255千米/时。
- 首次航行：1977年12月14日。
- 开始服役：1983年。

“兴登堡号”飞艇除了能携带61名船员，还能搭乘72名乘客。

“兴登堡号”飞艇

“兴登堡号”飞艇是有史以来最大的飞行器，即使按照今天的标准，“兴登堡LZ-129号”也是巨大的。事实上，这艘245米长的飞艇几乎是世界上最大飞机安-225的三倍！兴登堡号由齐柏林飞艇制造公司建造，1937年5月6日在新泽西州的莱克赫斯特海军航空站着陆时爆炸。有报道称，德国航空工程师正着手重建飞艇。“兴登堡二号”预计将与之前的飞艇一样大，底部将有一个两层的贡多拉船，可搭载250名乘客。

最大的拖拉机

1977 年，大牙 16V-747 是专门为了美国加利福尼亚贝克斯菲尔德的罗西兄弟农场定制的，由蒙大拿州哈弗尔 Big Bud 公司制造。这辆拖拉机重量超过 45 359 千克！它有 8 个轮胎，每个有 2.4 米高。

百科档案

- 制造时间：1977 年。
- 制造数量：1辆。
- 高度：4米。
- 宽度：7 米。
- 长度：9 米。

据专家说，今天再建造一辆这样的拖拉机大约需要60万美元。

大马斯基步进拉铲机

大马斯基步进拉铲机是有史以来最大的单斗挖掘机。它是由美国比塞洛斯公司建造的，全世界只有一台。跟所有的拉铲机一样，68 米高的大马斯基用两个液压脚移动。它的铲斗非常巨大，可以装下 10 多辆轿车。整个拉铲机的重量比 150 多架喷气式客机加起来还重！

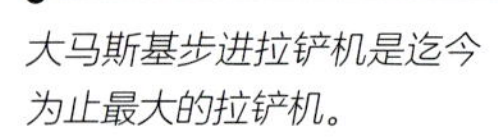

大马斯基步进拉铲机是迄今为止最大的拉铲机。

小松D575A推土机

世界上最强大的推土机可以移动高达 217 724 千克的重量！小松 D575A 推土机不但可以“撕碎”地面，甚至还可以像铲沙子一样轻松地移动大块岩石。

小松D575A是为在短时间内清理大片土地而建造的。

“奋威号”挖泥船

“奋威号”挖泥船建于 1997 年，是当时世界上最大的挖泥船。它一直保持着这一称号，直到 2000 年被比利时挖泥船超越。为了不被赶超，“奋威号”的所有者决定延长挖泥船的长度并增加其容量。3 年后，“奋威号”再次成为当时的全球第一大挖泥船。

百科档案

- 制造时间：1997 年。
- 制造商：荷兰尼德萨克森公司。
- 所有者：荷兰皇家船舶工程公司。
- 原长度：173.15米。
- 改造后长度：231.71米。

“奋威号”是当时世界上最大的挖泥船。

最长的车——“美国之梦”

“美国之梦”主要用于电影和展览。

想象一下乘坐一辆有 26 个轮子的车去旅行！世界上最长的汽车就有这么多车轮。这款豪华轿车由美国加利福尼亚州伯班克的杰伊·奥伯格设计，长 30.5 米。这辆车里有好几种奢侈装备，包括一个特大号的水床和一个带跳水板的游泳池。

百科档案

- 设计者：杰伊·奥伯格。
- 长度：30.5 米。
- 车型：豪华轿车。
- 独特之处：有水床和带跳水板的游泳池。

大脚卡车——“大脚5号”

美国圣路易斯的鲍勃·钱德勒喜欢制造怪物卡车，这是更大版本的皮卡。钱德勒的大脚卡车是怪物卡车比赛的常规车型。他的成功故事始于一次商业冒险。钱德勒拥有一辆福特四驱卡车，因为他意识到在美国中西部很难买到这辆卡车的零部件，于是他很快开了自己的服务中心，并开始在卡车上试验新零件。1981 年，钱德勒决定让他的卡车碾过两辆报废汽车，引发了空前流行的汽车碾压运动。很快，钱德勒就开始制造怪物卡车，并参加比赛。不过，钱德勒车队中最大的“大脚 5 号”因为太大而无法参加比赛，它是专为 3 米高的费尔斯通轮胎建造的。

百科档案

- 制造时间：1986 年。
- 制造者：鲍勃·钱德勒。
- 高度：4.7米。
- 重量：17 236千克。
- 车型：福特 F250。
- 轮胎：费尔斯通铝制轮胎。
- 轮胎高度：3 米。

“大脚5号”曾是最大的怪物卡车。

巨型战舰

建造于日本库尔的“大和号”和“武藏号”，是曾经最大的战舰，在第二次世界大战期间为日本海军发挥了至关重要的作用。1944 年 10 月 24 日，“武藏号”在前往莱特登陆海滩的途中，遭到美国海军飞机的袭击——20 枚鱼雷和 17 枚炸弹击沉了这艘巨大的战舰。“大和号”最后一次起航是在 1945 年 4 月。这艘船是“天号作战”行动的一部分，被派去攻击美国舰队。它被大约 20 枚炸弹和鱼雷击中，船上的弹药爆炸后沉没。

百科档案

“大和号”

- 长度：256 米。
- 重量：65 027 吨（空舱）。
- 下水时间：1940 年8月8日。
- 沉没时间：1945 年4月7日。

“武藏号”

- 长度：263米。
- 重量：68 200吨（空舱）。
- 下水时间：1940年11月1日。
- 沉没时间：1944年10月24日。

“大和号”在第二次世界大战期间为日本帝国海军发挥了至关重要的作用。

“罗纳德·里根号”航空母舰

作为尼米兹级航空母舰中的第 9 艘航母，“罗纳德·里根号”是当时为数不多的以活人名字命名的美国海军舰艇。这是一艘核动力船只，可容纳 6 000 名海军人员和 80 多架战机。船上的两个核反应堆可以在不加燃料的情况下推动船只航行 20 多年！

百科档案

- 长度：333 米。
- 重量：77 600 吨（空舱）。
- 建造时间：1998 年2月12日。
- 下水时间：2001年3月4日。

“罗纳德·里根号”航母可以携带足够多的食物，可在3个月内每天供应多达18 150份餐食！

必和必拓货运列车

澳大利亚必和必拓铁矿石公司希望缩短将铁矿石从位于纽曼和延迪的矿山运往西澳大利亚黑德兰港的行程，所以决定装配一辆长 7 300 米的货运列车来完成这项工作。这列火车由 682 节车厢组成，重达 99 732 吨，也是最重的一辆列车。这辆列车有 8 辆内燃机车进行驱动，除此之外，它有 5 648 个车轮！

必和必拓的货运列车有5 648个轮子，它需要8辆内燃机车才能开动！

百科档案

- 经营单位：澳大利亚必和必拓铁矿石公司。
- 长度：7 300米。
- 重量：99 732 吨。
- 铁路线：从纽曼和延迪到澳大利亚黑德兰港。
- 机车：8台内燃机车。

美国铁路公司

美国铁路公司的 52 次和 53 次列车每年在弗吉尼亚州洛顿和美国佛罗里达州桑福德之间运送大约 20 万名乘客。一半的列车车厢用来载客，其余车厢由封闭的列车车厢组成，用于运输属于乘客的行李。

“大男孩”型蒸汽机

美国联合太平洋铁路公司拥有的 25 辆“大男孩”型蒸汽机车，被认为是有史以来建造的最大的蒸汽机。这些是美国机车公司在 1941—1944 年建造的。它们以煤为燃料，也很容易操作。在第二次世界大战结束之前，“大男孩”蒸汽机的需求量很大，随后煤价上涨导致蒸汽机车的需求下降，只有 8 辆被保存了下来。

25辆“大男孩”蒸汽机中，有8辆被保存了下来。

百科档案

- 经营单位：美国联合太平洋铁路公司。
- 建造单位：美国机车公司。
- 长度：40.5 米。
- 重量：540吨。
- 末次运行：1959 年7月。
- 最高速度：130 千米/时。

百科档案

- 经营单位：汽车列车公司，1983 年由美国铁路公司收购。
- 投入使用：1971年12月6日。
- 经营暂停：1981 年4月。
- 经营恢复：1983年10月30日。

美国铁路公司列车早前归私人铁路公司拥有。

趣味百科

西伯利亚大铁路是世界上最长的铁路——长约9 288千米，从俄罗斯西部的莫斯科一直延伸到其最东南部，靠近中国边境的符拉迪沃斯托克，横跨亚欧两大洲、8个时区。1891 年，俄国沙皇亚历山大三世委托修建了这条铁路。俄罗斯的欧洲部分地区和远东国家之间缺乏交通工具，以及安全问题是修建这条大铁路的主要原因。

更多巨型奇迹

千年穹顶

千年穹顶是有史以来最大的穹顶，是为了庆祝第三个千禧年（2001 年 1 月 1 日）的开始而建造的。这个穹顶主要用于举办展览，并在 2000 年全年开放。然而，在 2000 年 12 月 31 日，新千年到来的前几个小时，它却关闭了。它被拍卖给一家打算把它打造成体育和娱乐场所的公司。曾经，千年穹顶在一年中大部分时间里都是关闭的。

百科档案

- 位置：英国伦敦格林威治。
- 设计者：理查德·罗杰斯。
- 圆顶高度：50 米。
- 塔的高度：95 米。

千年穹顶是为庆祝第三个千禧年的开始而建造的。

伦敦眼

跟千年穹顶一样，伦敦眼也是英国千禧年计划的一部分。然而，与命运多舛的千年穹顶不同，伦敦眼获得了公众更高的关注和热情。它的观测轮曾是世界上最大的。伦敦眼有时被称为“千禧之轮”，有 32 个带空调的乘坐舱。它旋转得很慢，大约需要半小时才能完成一圈。

百科档案

- 位置：英国伦敦兰贝斯。
- 设计者：大卫·马克思和茱莉亚·巴菲尔德。
- 高度：135米。
- 开幕时间：1999 年12月31日。
- 开放时间：2000年3月。
- 旋转速度：1.6千米/时。

跟千年穹顶一样，伦敦眼也是英国千禧年计划的一部分。

杉点乐园

位于俄亥俄州的杉点乐园于 1870 年开业，是世界上最大的游乐场之一。它有 71 部游乐设施，其中 17 部是过山车。最初，这个公园被去伊利湖的游客当做澡堂。很快，它就发展成了一个游乐场。折返铁路是杉点乐园引入的第一个过山车。随后，又增加了更多的游乐设施和其他便利设施，如酒店。杉点乐园的许多过山车都创下了纪录。

杉点乐园的超级赛车过山车。

百科档案

- 位置：美国俄亥俄州桑达斯基伊利湖半岛。
- 面积：147万平方米。
- 第一条过山车：折返铁路，1892年引入。
- 游客数量：每年超过300万人。
- 最快的过山车：超级赛车。

史密森尼博物馆

位于美国华盛顿的史密森尼博物馆拥有 16 个博物馆，1 个国家动物园，7 个研究中心和超过 1.4 亿件收藏品，是世界上最大的博物馆综合体。它是根据英国科学家詹姆斯·史密森的遗愿于 1846 年建立的。史密森在遗嘱中说，如果他的侄子死后没有继承人，他的所有遗产将捐给美国，用于向人们传播知识。1835 年，史密森的侄子去世时没有任何继承人，便有了这个机构的成立。

史密森尼博物馆是一个私人庄园，以它最初的主人詹姆斯·史密森的名字命名。

古代七大奇迹

人们通常认为，现在的古代七大奇迹名录是由公元前3世纪希腊旅行家安提帕特提出的。安提帕特在一首关于阿尔忒弥斯神庙的诗中列出了他那个时代最令人印象深刻的建筑。当然，他描写的只是希腊人熟悉的地中海世界。然而，“七大奇迹”的概念最早是在公元前5世纪由希腊著名历史学家希罗多德提出的。作者根据个人的选择以及他的宗教和政治信仰，列出不同的名录。不过，这个数字一直都是7，很可能是因为它的传统意义。

吉萨金字塔

埃及吉萨金字塔是由三座金字塔组成的建筑群，是古代七大奇迹中唯一一个经受住时间考验的。它们也是最古老的奇迹。在这三座金字塔中，最大也是最古老的是大金字塔。它是由第四王朝的法老胡夫建造的。公元 820 年左右，巴格达的哈里发阿卜杜拉·马穆恩来到吉萨，寻找传说中的大金字塔宝藏。他雇用了一大批工人，在金字塔里挖了几个星期，结果一无所获。有一天，他们发现了一条通往国王密室的秘密通道。然而，除了一个空石棺，里面什么也没有！这是人们第一次试图找到胡夫的宝藏和遗骸。法老的木乃伊和宝藏发生了什么事情？这个世界上最令人着迷的奇迹一直困扰着专家们。

百科档案

- **位置**：埃及开罗吉萨市。
- **修建时间**：公元前2560年。
- **详情**：根据希罗多德的说法，将近10万名奴隶被征用来建造大金字塔。

宙斯神像

“如果宙斯站起来，他将会穿透神庙屋顶”，希腊历史学家斯特拉博对奥林匹亚的宙斯雕像说。这座雕像是希腊雕塑家菲迪亚斯建造的。公元前 456 年，希腊建筑师里本在奥林匹亚建造了一座宏伟的神庙，这是献给宙斯的。为了纪念宙斯，每四年举行一次奥林匹克运动会。比赛前，所有参赛者都在宙斯的神庙向他致敬。虽然神庙本身就是一个奇迹，但希腊人还是觉得它太普通了，所以他们想在神庙里面放一个雕像。菲迪亚斯受命雕刻了这座宙斯像。他首先竖起一个木质框架，并在上面挂上象牙板和金箔。有趣的是，他的工作室和寺庙一样大，让他有可能在那里雕刻了宙斯像。菲迪亚斯把不同的部分雕刻出来后，在神庙里进行组装。然而，当他完成工作时，宙斯的座椅几乎触到了屋顶！这也许就是斯特拉博想象宙斯会穿透屋顶的原因！

百科档案

- 位置：位于希腊西海岸，雅典以西约150千米的奥林匹亚古城。
- 修建时间：约公元前450年。
- 详情：宙斯的雕像大约有12米高。

秦始皇兵马俑

秦始皇兵马俑是在中国第一位皇帝秦始皇的陵墓中发现的。军队由7 000多个真人大小的兵马俑组成。这支被埋葬的军队成为皇帝死后的护卫。

马丘比丘

位于秘鲁的马丘比丘，是失落的印加城市。它的名字意思是古老的山峰。这座小城建在乌鲁班巴河谷上方 2 350 米高的山上。它的遗迹包括宫殿、寺庙和大约 150 座房屋。

阿尔忒弥斯神庙

这座献给希腊狩猎女神阿尔忒弥斯的神庙最早建于公元前 800 年。后来又重建了多次。在七大奇迹中被认为是唯一由吕底亚国王克罗伊斯建造的。公元前 550 年克罗伊斯入侵以弗所时，神庙在战斗中被摧毁。克罗伊斯征服以弗所后，提出重建神庙。这座新神庙完全是用大理石建成的。人们从四面八方成群结队地观看这一建筑奇迹。然而，这种荣耀并没有持续太久。公元前356年，神庙再次遭受了灾难。7 月 21 日晚，一个希腊青年黑若斯达特斯为了成名，竟然不惜一切代价烧毁了神庙。传说那天晚上，阿尔忒弥斯忙于监督亚历山大大帝的诞生，而没有保护神庙。

百科档案

- **位置**：土耳其伊兹密尔附近以弗所古城。
- **修建时间**：约公元前550年。
- **详情**：在黑若斯达特斯把神庙烧毁以后，又重建了一次。然而，这座新神庙在公元262年被哥特人摧毁，此后再未重建过。

摩索拉斯陵墓

有一段时间，波斯国王为了统治帝国的各个区域，任命了多个州长（地方管理者）。卡里亚王国就是这样一个地区，从公元前 377 年到公元前 353 年，一直由国王摩索拉斯统治，他把哈利卡纳索斯（现在土耳其的博德鲁姆）作为他王国的首都。摩索拉斯与他的妹妹艾米西娅结婚（在当时，卡里亚王室的兄弟姐妹结婚是很普遍的）。艾米西娅非常爱她的丈夫。他死后，她决定为他建一座纪念碑，让他能够永存不朽。因此，她下令修建陵墓。这座陵墓主要由大理石制成，配有比真人和真实动物还要大的雕像装饰。近 16 个世纪以来，它一直俯瞰着哈利卡纳索斯。后来，一连串的地震震碎了柱子，震塌了屋顶。15 世纪，马耳他骑士用陵墓的石头建造了著名的博德鲁姆十字军城堡。

百科档案

- 位置：土耳其西南部爱琴海沿岸的博德鲁姆市。
- 修建时间：公元前350年。
- 详情：这座陵墓高约45米，建在一座小山上，四周有一个巨大的庭院。它的特色雕像由伯亚克西斯、李奥查理斯、史卡帕斯和提莫西亚斯等雕刻家制作。

帕特农神庙

献给希腊女神雅典娜的帕特农神庙，建于公元前 5 世纪希腊雅典卫城之上。寺庙里装饰着几尊大理石雕塑，里面还有一尊巨大的雅典娜雕像。后来，帕特农神庙在入侵者手中遭受了巨大的破坏。雅典娜雕像被摧毁之后，剩下的一些雕塑被转移到伦敦大英博物馆。

中世纪七大奇迹

到中世纪（公元5世纪）的初期，伟大的希腊和罗马文明已经失去了它们的荣耀。人们的关注点转移到远东地区。探险家们带着难以置信的财富和伟大的荣誉凯旋。很快，另一份名录被整理出来，是关于中世纪的世界七大奇迹。有趣的是，实际上其中只有部分奇迹真正属于中世纪。

巨石阵

英国威尔特郡的巨石阵是一组巨大的圆形立石。它是一个巨大的石阵围成的石圈。人们认为这些石头是从遥远的地方运来的。古代人是如何长途运送这么大的石头的？没有人确切知道！关于巨石阵的起源有几个传说，认为巨石阵可能建于公元前3100年左右。其中一个流行的传说与亚瑟王故事中的巫师梅林有关。有人说，在公元前5世纪，数百名英国贵族被残忍的撒克逊人领袖亨吉斯特杀害。国王奥雷利亚努斯·安布罗修斯想为遇难者建造一座纪念碑，于是梅林建议他把爱尔兰巨人的戒指运到英国。人们认为巨人最初是从非洲带回这些石头的。梅林神奇地把这些石头运到英国，将它们放置在纪念碑的周围。

百科档案

- 位置：英国威尔特郡索尔兹伯里西北约13千米处。
- 修建时间：约公元前3100年。
- 详情：巨石阵的圆形河岸和沟渠，直径约98米，是用鹿角和动物骨头挖出来的！

中国长城

中国的长城修建了两个世纪。起初，这堵墙是燕、赵、秦三个国家的统治者为了保护他们的领土不受侵略而各自修建的几个独立的部分。它们由中国第一个皇帝秦始皇连接起来，以保护他的国家不受匈奴的侵犯。人们认为这堵墙在后来的朝代中经过了重建。我们今天看到的长城大部分是明朝修建的。

趣味百科

有个关于长城的传说，孟姜女很年轻，她的丈夫范喜良被迫去修建长城。孟姜女为了寻夫赶到长城的修建工地，却被告知丈夫已经死亡的消息。孟姜女伤心欲绝，哭得震天动地，以至于一大片城墙都倒塌了。

百科档案

- 现长城修建时间：14—16世纪。
- 总长度：6 700 千米。
- 主要修建的朝代：秦、汉、明以及一些其他朝代。
- 平均高度：7 ~ 8 米。

罗马竞技场

罗马竞技场一直是现代体育场馆的标杆，不仅因为它的壮丽，也因为它高超的工程技术。它有 50 000 个座席，分布在不同的楼层。罗马竞技场的独特之处是它的冷却系统。它有一个用绳索做成的帆布屋顶，中间有个洞。屋顶从边缘向中心倾斜，给观众带来阵阵微风。在竞技场的下面，还修建了几条隧道，用于在奥运会开始前安置角斗士和动物。

竞技场主要是角斗士比赛的场地。

大报恩寺琉璃塔

中国南京有一座令人叹为观止的琉璃塔，是由大明皇帝朱棣为纪念明太祖和马皇后而建造的。据说，在这座琉璃塔建成之前，一座供奉佛像的小宝塔在这里已经矗立1 000多年了。这座宝塔在战争中被摧毁。为了纪念，朱棣选择在那里建造新宝塔。这座塔的修建始于1413年。宝塔的外墙上覆盖着汉白玉石。九层楼的每一层都有五彩琉璃砖制成的悬檐，屋檐上挂着数百只铜风铃，使这座建筑成为一道令人难忘的风景。这座塔后来在战争中遭到了严重破坏。

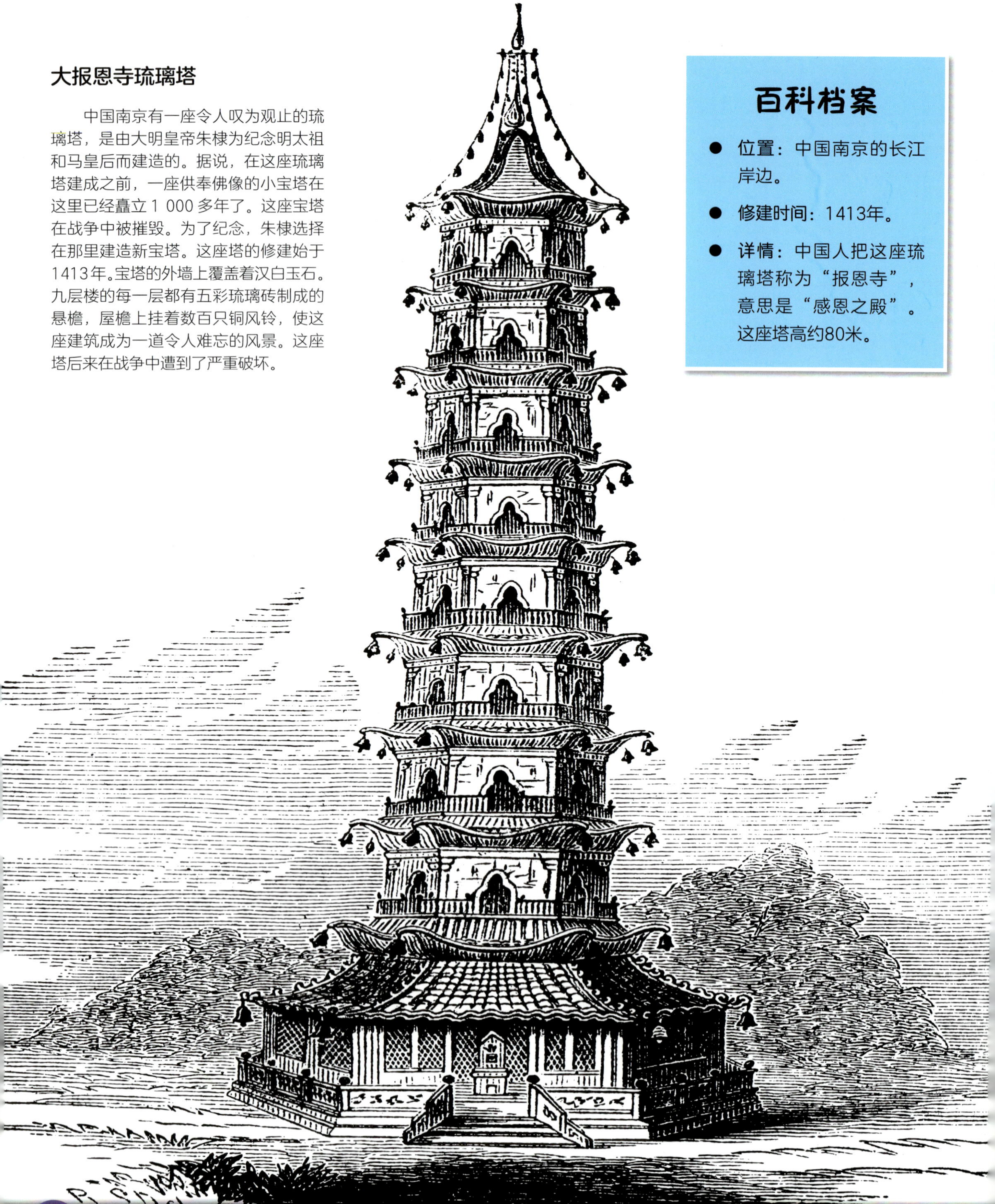

百科档案

- 位置：中国南京的长江岸边。
- 修建时间：1413年。
- 详情：中国人把这座琉璃塔称为“报恩寺”，意思是“感恩之殿”。这座塔高约80米。

比萨斜塔

这座斜塔并不是故意让它倾斜的。这座世界上最著名的钟楼于1173年开始建造，建筑师是将其设计为垂直。这座塔建在软土上，随着塔的重量增加，一侧开始下沉，导致塔身倾斜，建造工作立即停止。大约在13世纪中叶，当建造工程恢复时，建筑师们曾经努力调整倾斜，但最终失败了。多年来，人们曾多次试图控制塔身的倾斜。1998年，专家们从塔的另一边挖土，尽可能地纠正塔的不平衡，以防止其倒塌。

百科档案

- 位置：意大利比萨。
- 修建时间：1173年8月。
- 详情：这座斜塔高约55米，它的修建历时近200年。

考姆舒卡法地下墓穴

一头驴子从地上的一个洞掉进下面的墓穴时意外发现了这个中世纪最惊人的建筑奇迹。考姆舒卡法地下墓穴位于埃及亚历山大市，建于公元 2 世纪。它们是为一个富裕的埃及家庭建造的，这个家庭信奉古埃及宗教。这些墓穴后来被用作集体墓地。墓穴有三层，由一个圆形楼梯连接，主墓室包括一个前厅和一个中央墓室。前厅的左边是一个葬礼宴会厅，死者的亲朋好友在那里举行纪念死者的宴会。墓室里装饰着埃及神荷鲁斯、托特和阿努比斯的雕塑，这些雕塑都被雕刻成希腊罗马风格。

圣索菲亚大教堂

土耳其伊斯坦布尔的圣索菲亚大教堂无疑是拜占庭建筑的最佳典范。最初的大教堂是由罗马皇帝君士坦提乌斯二世建造的，他是君士坦丁一世大帝的儿子，他建造了伊斯坦布尔市（当时称为君士坦丁堡，更早的时候称为拜占庭），并将其作为首都。404 年，最初的教堂被一群暴徒摧毁后，狄奥多西二世在同一地点修建了第二座教堂。第二座教堂在 532 年尼卡起义期间又被烧毁。目前的建筑建于拜占庭皇帝查士丁尼一世统治时期的 532—537 年。圣索菲亚大教堂的圆顶是教堂最独特的地方，40 扇窗户构成了穹顶的基座，给人一种圆顶是漂浮在教堂上空的错觉。558 年，一系列强烈地震导致大部分圆顶倒塌，563 年，它被一个较小的圆顶替代。1453 年奥斯曼土耳其人攻占君士坦丁堡时，圣索菲亚大教堂被改建为清真寺。在奥斯曼帝国统治时期，教堂周围修建了尖塔，教堂内部重新装修成一座清真寺。今天，圣索菲亚大教堂成了拜占庭艺术博物馆。

百科档案

- 位置：土耳其伊斯坦布尔。
- 修建时间：532—537年。
- 详情：1934年，土耳其共和国建立者凯末尔·阿塔图尔克下令将圣索菲亚大教堂改建为一座博物馆。

你已经见识了人造奇迹的神奇，然而，它们在大自然奇观面前变得黯然失色。人类所能建造或塑造的任何东西，都不能像我们身处的自然世界所创造的那些奇观那样雄伟或令人敬畏。下面列出的这些奇观会让你屏住呼吸！

珠穆朗玛峰

当记者问乔治·马洛里为什么要攀登珠穆朗玛峰时，他回答说："因为它在那儿。"1924年6月8日，马洛里和英国同胞安德鲁·欧文出发去征服世界最高的山峰。不幸的是，他们都没有活下来。珠穆朗玛峰海拔 8 844.43 米，它不仅是最高的山峰，也是最难攀登的山峰之一。它属于喜马拉雅山脉，位于尼泊尔和中国西藏的边界。1852 年，珠穆朗玛峰首次被确定为世界上最高的山峰。从那以后，它吸引了许多渴望登顶的登山者。然而，所有这些早期的尝试都失败了。1953 年 5 月 29 日，两个人勇敢地挑战大自然的力量，实现了似乎不可能完成的目标，新西兰的埃德蒙·希拉里和他的尼泊尔搭档丹增·诺尔盖从最高峰俯视全世界。

百科档案

- **位置**：尼泊尔和中国西藏边界上。
- **详情**：这座山是以英国的印度总测量师乔治·埃佛勒斯特爵士的名字命名的，他首先绘制了喜马拉雅山的详细地图。自希拉里和诺尔盖征服这座山峰以后，又有很多人重复了这一壮举。

科罗拉多大峡谷

1540年9月，西班牙探险家加西亚·洛佩斯·德·卡尔德纳斯船长抵达美国亚利桑那州，寻找传说中西伯拉七城的宝藏。卡尔德纳斯和他的手下没有找到传说中的城市，但他们找到了一个自然宝藏——大峡谷！卡尔德纳斯成为第一个看到这个奇迹的欧洲人。大峡谷是一个深谷，两边都是峭壁，是由科罗拉多河在数亿年的时间里切割而出的一条河道，经过多年的侵蚀形成的。科学家们认为这一地区在数百万年前曾被海洋覆盖。渐渐地，陆地被推升到海平面以上，形成了一块高地。换句话说，就是一个高原。随着时间的推移，一条河开始流过这块高原。慢慢地，河水冲刷岩石，形成了大峡谷。

尼罗河

埃及被称为“尼罗河的礼物”，为什么呢？埃及作为世界上最伟大的文明古国之一在尼罗河畔繁衍生息。如果不是这条大河，埃及文明不会如此繁荣！尼罗河是世界上最长的河流。它有两条主要支流——白尼罗河和青尼罗河。白尼罗河发源于乌干达的维多利亚湖，而青尼罗河发源于埃塞俄比亚的塔纳湖。两条支流在苏丹首都喀土穆会合，形成尼罗河。古时候，尼罗河每年都会泛滥，把肥沃的黑土堆积在河岸上。这些土地非常适合农作物生长，很快人们就定居在尼罗河两岸。即使在今天，大多数埃及人仍生活在尼罗河沿岸。阿斯旺大坝的修建已经阻止了每年的洪水。洪水现在被储存起来用于灌溉庄稼和发电。

百科档案

- **位置**：非洲。
- **详情**：尼罗河流经9个国家，最后进入地中海。除了农业，古埃及人还利用尼罗河进行运输和贸易。尼罗河长6 670千米。

维多利亚瀑布

维多利亚瀑布被认为是世界上最大的瀑布。当地人称之为“莫西奥图尼亚”，意思是“霹雳之雾”。这个名字非常贴切，因为从空中看瀑布就像升起的烟雾。瀑布位于赞比亚和津巴布韦之间的赞比西河上。它们由5条独立的大瀑布组成，被赞比西河上的岛屿隔开。苏格兰探险家戴维·利文斯通是第一个发现维多利亚瀑布的欧洲人。他第一次看到瀑布是在1855年11月16日。他以维多利亚女王的名字为瀑布命名。在他的日记中，利文斯通写道，“……如此壮观的美景一定会让天使们也驻足观看”。此后，没有人能更好地描述瀑布的惊人之美了。

百科档案

- **位置**：赞比亚和津巴布韦的边界。
- **详情**：瀑布的高度从90米到105米。包括魔鬼瀑布、彩虹瀑布、马蹄瀑布、东瀑布、主瀑布。

里约热内卢港

1502 年新年第一天，沿着巴西海岸航行的葡萄牙探险家来到了海岸一个狭窄的开口处，两边都是山。当他们通过入口时，探险者看到一大片水域。葡萄牙人看到的水域实际上是一个海湾。当地人称之为瓜纳巴拉，意思是“海的手臂”。屹立在海湾入口的山峰中，有一座山被称为“甜面包山”，可能是因为它的形状跟法式面包很像。另一座山叫科科瓦多，高 710 米，在山上可以鸟瞰整个海港。当地人为自己的城市感到自豪，他们说：“上帝用六天时间创造了全世界，第七天创造了里约热内卢。”

北极光

北极光是发生在北半球的一种非常壮观且绚丽多彩的自然现象，其学名来自于希腊语的“欧若拉和玻瑞阿斯”。实际上，它是太阳风的可见效应，而太阳风是太阳发射出来的带电粒子流，这些粒子的平均速度可达 800 千米 / 秒，只需两三天时间就可以到达地球。如果这些带电离子流能够穿透地球大气层，那它的能量足以摧毁地球上的所有生命。然而，地球周围的磁场阻止了这种情况的发生，因为太阳风也携带磁性粒子，所以当这些带电粒子接触到地球的磁场，粒子之间就会相互排斥。在这场电子碰撞大战中，地球的南北两极会吸引一些太阳粒子。当太阳风的带电粒子向两极移动时，它们会与大气层中的原子和分子发生碰撞。当这些粒子与氧气和氮气等气体发生碰撞时，就会产生各种颜色的发光发亮现象，使得这些粒子的运动变得可见。

百科档案

- 位置：极光出现在地球的极地地区，被称为极光椭圆区，通常延伸到芬兰、斯堪的纳维亚、加拿大、美国北部、阿拉斯加和西伯利亚。
- 详情：欧若拉是罗马的黎明女神，而玻瑞阿斯则是来自希腊的北风之神。

帕里库廷火山

1943 年 2 月 20 日，一位墨西哥米却肯的农民迪奥尼西奥・普利多像往常一样在田里干活，突然感到地底下一阵强烈颤抖。他还站在原地东张西望之际，只见地面裂开一条 46 米长的裂缝，浓烟不断从里面冒出来。不到 24 小时，这座火山的喷发高度已增至约 50 米，并开始喷出火山岩碎屑。到 3 月份，火山活动加剧。附近的帕里库廷镇和圣胡安镇的居民被疏散。到那年 8 月，这些城镇几乎全部被埋在熔岩和火山灰层下。火山在爆发的第一年生长非常迅猛。不到一年，它就超过了 336 米高。在接下来的 8 年里，火山持续喷发，直到 1952 年才最终平静下来。帕里库廷火山具有重要意义，因为它为科学家提供了一个难得的机会来研究火山从诞生到生长，直至死亡的生命周期！

百科档案

- 位置：墨西哥城以西约322千米。
- 详情：帕里库廷火山停止喷发之时，已经高出原本的玉米地约457米。

水下世界七大奇观

湖泊、河流和海洋等水体拥有世界上最美丽、最迷人的景观。随着时间的推移，人们对深海独特环境的兴趣越来越浓厚，尤其是潜水作为一项运动越来越受欢迎。因此，专门的水下世界奇观名录应运而生。人们认为，这样一份名录有助于保护和提高人们对脆弱的海洋环境的认识。

帕劳

帕劳被认为是潜水员的天堂。这个位于西太平洋上的小群岛据说拥有世界上最丰富的珊瑚礁。科学家在帕劳的附近海域发现了 700 种珊瑚和大约 1 400 种鱼类。珊瑚礁是墨鱼、巨型蛤蜊、海蛇尾、鲨鱼和鳐鱼以及其他很多鱼类的栖息地。数百万年前，珊瑚虫（形成珊瑚礁的小生物）开始在该地区的海底火山上聚居。这些微小的生物在它们柔软的身体周围建造了坚硬的石灰岩骨骼来保护自己。珊瑚死亡以后，新的珊瑚继续建造骨骼。渐渐地，这些珊瑚形成的小山浮出水面。裸露在外的珊瑚死了，但新的珊瑚继续在水下的斜坡上建造珊瑚礁。帕劳还拥有 80 个海洋湖泊，其中最受欢迎的是“水母湖”。还记得电影《海底总动员》里的“水母森林”吗？你可以在“水母湖”看到一个真实的“水母森林”！不过，与电影中水母不同的是，帕劳的黄色圆点水母是无害的。

百科档案

- **位置**：太平洋上的一个独立国家。
- **详情**：帕劳由大约340个珊瑚岛和火山岛组成。有一种色彩斑斓的巨型蛤蜊，只能在帕劳自然发现。

加拉帕戈斯群岛

1835 年，一艘名叫“贝格尔号”的船抵达加拉帕戈斯群岛。船上有一位名叫查尔斯·达尔文的年轻博物学家。他对在不同岛屿上发现的海雀类和海龟彼此不同情形感到震惊。他收集了一些标本作进一步研究。大约 24 年后，达尔文出版了他的革命性著作《物种起源》。书中包含了达尔文著名的进化论，也解释了“适者生存”的概念。如果不是来到加拉帕戈斯群岛，可能就不会有这个最重要的科学发现！这些岛屿至今仍是几种珍稀鸟类和动物的家园，加拉帕戈斯群岛还生活着海鬣蜥、海狮、企鹅和多种海鸟。

百科档案

- **位置**：在南美洲海岸以西约 1 000千米的太平洋上。
- **详情**：加拉帕戈斯群岛包括 13个主要火山岛和几个较小的岛屿。各种鲨鱼，如加拉帕戈斯鲨鱼和大鲸鲨在群岛周围的水域活动。

伯利兹堡礁

“这是西印度群岛最引人注目的珊瑚礁”，查尔斯·达尔文这样描述伯利兹堡礁。伯利兹堡礁的长度超过 290 千米，是世界上第二大珊瑚礁。伯利兹不仅因其壮观的堡礁而闻名，它还拥有三个近海环礁。通常，环礁形成于海底火山之上。然而，伯利兹的三个环礁是在海底的非火山山脉上形成的。这些环礁被称为格洛弗礁、灯塔礁和斯内夫群岛。灯塔礁以它的大蓝洞而闻名。蓝洞是一个石灰岩洞，当冰雪消融，海平面上升，淹没了洞穴，洞顶随之塌陷，形成了这个蓝色的洞。

百科档案

- 位置：伯利兹堡礁北起墨西哥边境的伯利兹，南至萨波迪拉卡耶斯。
- 详情：伯利兹堡礁栖息着70种珊瑚和500多种海洋动物。蓝洞直径约300米，深度超过120米。

穆罕默德角

穆罕默德角，是红海北部的一个珊瑚公园，经常被称为海洋的“伊甸园”。这个名字是名副其实的，因为这里到处都是黄色、橙色和绿色的软珊瑚，还有各种各样的硬珊瑚。海葵、小丑鱼、引金鱼、鲜红色狮子鱼和友好的波纹唇鱼共同完成了这美丽的画卷。穆罕默德角也是世界上最受欢迎的沉船潜水地点之一。沉船中包括 1878 年沉没的英国轮船“邓拉文号”，第二次世界大战期间英国的补给船“蓝蓟花号”和 1980 年沉没的塞浦路斯船只“尤兰达号”。“邓拉文号”沉没时被认为是在为阿拉伯的劳伦斯执行秘密任务，尽管后来被证明是错误的。“尤兰达号”的遗址很不寻常——虽然船本身已经坠入深海，但船上的马桶却散落在附近的礁岸上。

百科档案

- 位置：埃及东海岸。
- 详情：在穆罕默德潜水场可以发现一些奇怪的东西，包括弹药、摩托车甚至火车车厢！

贝加尔湖

贝加尔湖是地球上现存最古老的淡水湖，也是世界上最深的湖，湖中的水量比北美五大湖水量的总和还要多！这个湖一年中有相当长一段时间都被冰雪覆盖着。位于西伯利亚东南部的贝加尔湖，也是俄罗斯人所熟知的“圣湖”。它被巴古津山脉和重重森林包围。这个湖产出的特有物种比世界上任何一个湖都多。它包含大约 50 种不同的鱼类，包括鲟鱼和著名的大马哈鱼。生活在那里最有趣的动物之一是贝加尔海豹，或称努尔巴。它是世界上唯一的淡水海豹。冬天来临，湖面开始结冰，贝加尔海豹就用锋利的爪子挖出精致的洞穴。这些洞穴的显著特征就是它们长长的隧道和檐篷，这本身就是一个奇迹。

百科档案

- 位置：靠近蒙古边境的西伯利亚。
- 详情：贝加尔湖长636千米，深1 620米。据说用全世界所有的河流加起来注满贝加尔湖，也需要整整一年的时间！

百科档案

- **位置**：澳大利亚东北部昆士兰海岸的珊瑚海。
- **详情**：大堡礁长约2 012千米。跟中国的长城一样，大堡礁可以从外太空看到！

大堡礁

大堡礁不仅是世界上最大的珊瑚礁，也是地球上由生物构成的最大的自然结构。大堡礁位于珊瑚海，从昆士兰一直延伸到澳大利亚的班达伯格的珊瑚海中。大堡礁由大约 2 900 个不同的珊瑚礁和 900 个岛屿组成。它拥有近 2 000 种鱼类，随着新物种的发现，这个数量每年都在增加。另外，它大约有 350 种珊瑚、250 种虾类和 4 000 种软体动物栖息于此。此外，大堡礁以其种类繁多的鲨鱼而闻名，包括灰礁鲨和银尖鲨。

深海热液喷口

1977 年，海洋科学家理查德·鲁兹和彼得·罗纳乘坐潜水器“阿尔文号”出发，帮助拍摄一部电影《深海火山》。当他们到达海洋深处时，周围变得一片漆黑，海水也非常寒冷。除了一些外表奇特、会发光的生物，没有其他物种能在这种条件下生存。当“阿尔文号”接近水下山脉时，科学家们看到黑色的浓烟从一个巨大的烟囱状结构里冒出。令人惊讶的是，在这个“烟囱”的周围还有管虫、虾和鱼等生物。科学家们看到的就是我们后来知道的深海热液喷口！热液喷口通常位于火山活动强烈的地区。这些区域的水通过海底裂缝渗入到地球表面。这些水被周围的岩浆加热。当水变得非常热时，它会从喷口喷出。这些热水富含矿物质和化学物质。一些矿物质在喷口周围沉淀下来，形成鲁兹和罗纳看到的烟囱状结构。

- **位置**：深海，特别是在火山活动强烈的区域。
- **详情**：深海热液喷口中的水可以高达400 ℃。当热水与冰冷的海水相遇时，热水中的矿物质沉淀（形成颗粒），使得排气口的水看起来是黑色的。因此，就有了“黑烟囱”这个名字！

现代工程七大奇迹

现代工程七大奇迹是由美国土木工程师学会（ASCE）编制的。评价标准包括设计、施工、对人类的重要性以及施工过程中克服的工程挑战这几个方面的因素。由于参评的项目必须是一个已完成的建筑，才能被认为是当时的一个奇迹，因此一些后来修建的建筑没有包括在内。所以，这就使得很快将有另一个“21世纪七大奇迹”的名录产生。

巴拿马运河

早在16世纪，西班牙国王查理一世就率先提议修建一条穿过巴拿马地峡的运河。然而，三个多世纪过去了这条运河才开始建设，并且是由法国人来修建的！在运河修建二十年后，法国人因财政问题中途放弃了。最终，在1903年，美国承担了修建运河的任务。巴拿马运河连接大西洋和太平洋。运河最有趣的特点是它的运河船闸——两套在太平洋一侧，一套在大西洋一侧。运河船闸是将船只从一个水位提升或降低到另一个水位的装置。它们被用在水位悬殊的地区，比如巴拿马运河，那里的太平洋端低于大西洋端，由小型铁路发动机把船拖过船闸。巴拿马运河于1914年8月15日开通。

百科档案

- 位置：在巴拿马，位于大西洋和太平洋之间，建于1904—1914年。
- 详情：巴拿马运河长82千米，能通过巴拿马运河船闸的大型船只被归类为巴拿马型。

海峡隧道

1984 年，当英法两国政府呼吁在两国之间修建一条铁路。这可不是第一次有人提出这个想法了，不过，这一次梦想变成了现实，那就是英吉利海峡隧道，也称“欧洲隧道”。隧道施工开始于 1987 年，共有 15 000 名工人花费 7 年时间完成修建。海峡隧道由三条隧道组成，其中两条用于铁路交通，中间还有一条较小的服务隧道，作为发生火灾时的逃生通道。施工中最困难的部分是在英吉利海峡松软的白垩质海床上挖一条隧道。因此，当时使用的是大型隧道掘进机；同时采用混凝土衬砌结构支护隧洞，防止海水通过渗透性围岩进入隧道。英国和法国从两端同时进行隧道挖掘，最终于 1994 年 5 月 6 日实现正式通车。

百科档案

- 位置：在英吉利海峡下面，连接英国肯特的切里顿和法国的桑加特，建于1987—1994年。
- 详情：海峡隧道长50千米，其中约39千米位于海底。

伊泰普大坝

伊泰普大坝是世界上最大的水力发电站之一，建在世界上最长的河流之一巴拉那河上。在修建大坝的 18 年中，几乎有 3 年时间都花在了为巴拉那河修建引水渠上。最后，在清除了约 5 000 万吨泥土后，工人们终于挖掘出一条长 2 千米、宽 149 米、深 91 米的引水渠。

百科档案

- 位置：巴西与巴拉圭的边境。
- 修建时间：1975 年。
- 建成时间：1991 年。
- 用途：水力发电。
- 水库：伊泰普水库。
- 建筑材料： 混凝土。
- 高度：196 米。
- 长度：7.7 千米。

伊泰普大坝的发电站由20台发电机组组成，每台70万千瓦。

金门大桥

美国加利福尼亚州旧金山的金门大桥不仅是世界上最长的吊桥之一，更是一个标志，它代表了那个时代的工程发展水平。这座桥是为了抵御该地区特有的强风、潮汐和大雾。超过 100 万吨的混凝土被用来建造支撑大桥缆索的锚地。半个多世纪后的今天，金门大桥仍然是史上最壮观的桥梁之一。

金门大桥的两根主要钢索是由25 550多根钢绳组成的。

北海保护工程

这是一个关于国家对抗暴怒大海的故事。多年来，荷兰不得不承受地面低于海平面的后果。这使荷兰遭受了许多灾难性的洪水，造成了巨大的生命和财产损失。1916 年，一场特别具有破坏性的洪水袭击了曾经被称为须德海的入海口区域。荷兰政府受到触动，决定立刻采取行动修建须德海大坝。一条长达 30 千米的堤坝开始修建。这项工程保护了荷兰北方各省免受 1953 年的另一场大风暴的袭击。但不幸的是，靠近默兹河和莱茵河三角洲附近的西南部省份遭受了严重破坏，于是才有了三角洲项目的诞生。它包括 2.8 千米长的东谢尔德屏障，这是有史以来最复杂的风暴屏障之一。这种可移动的屏障由混凝土桥墩和钢闸门组成，它们只在暴风雨期间才会落下。这些工程一起构成了工程界最大的奇迹之一——北海保护工程。

百科档案

- 位置：荷兰，建成于1986年。
- 详情：北海保护工程的最后一道风暴屏障于1997年在鹿特丹附近建成。

帝国大厦

在美国世界贸易中心建成之前，帝国大厦是纽约市最高的建筑物。它在一年多的时间里，创纪录地完成了建造，取代了克莱斯勒大厦，成为当时世界上最高的建筑。帝国大厦被认为是现代世界七大奇迹之一，它的顶层有几家电视台。

百科档案

- 位置：美国纽约市曼哈顿。
- 高度：381 米。
- 设计者：史莱夫、兰布与哈蒙建筑事务所。
- 修建时间：1930 年。
- 开放时间：1931年5月1日。

加拿大国家电视塔

加拿大国家电视塔，俗称“CN塔”，高度为 553.3 米，曾是世界上最高的自立式结构。这座塔由加拿大国家铁路公司在多伦多建造，用于传输无线电和电视信号。它最突出的特点是拥有世界上最高的公众观景台“天空之盖”，以及一个每 72 分钟旋转一圈的 360° 旋转餐厅。

帝国大厦的设计可以抵御每年约100次的雷击。

“CN塔”曾是世界上最高的自立式建筑。

宇宙

宇宙是由巨大的空旷区域或空间，以及数以亿计的星系和恒星组成的。所有的星系组合起来，使宇宙看起来像一个巨大的蜘蛛网。太阳、地球、月球和其他所有行星都属于宇宙。

宇宙有多大?

直到20世纪初之前，人们都普遍认为宇宙只由一个星系构成——就是我们的银河系。但在之后，天文学家发现，他们原来以为的星云实际上也是星系。据估计，宇宙中大约有1000亿个星系。然而，由于新星系还在不断形成，这个数字还在持续增加。

科学家们认为宇宙形成于大约138亿年前。根据大爆炸理论，宇宙中的所有物质曾经都被压缩成一个小火球。这个火球逐渐膨胀，然后开始降温。这个小火球内部的压力迫使它以非常快的速度膨胀，由此产生了宇宙。

宇宙膨胀

随着宇宙不断膨胀，它开始降温。很快，被称为原子的微小粒子开始形成。这些原子结合在一起形成恒星以及星系。许多科学家认为，宇宙直到今天依然在不断膨胀。这一理论最早是由美国天文学家爱德温·哈勃提出的。20世纪20年代，哈勃发现那些遥远的星系似乎离我们的星系越来越远。他还说，星系之间的距离越大，它们移动的速度越快。

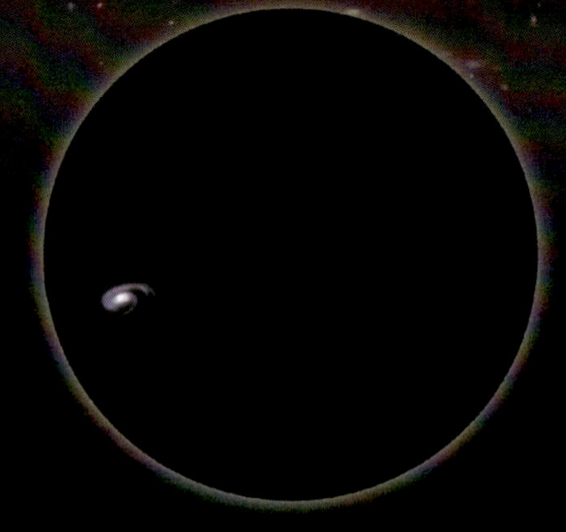

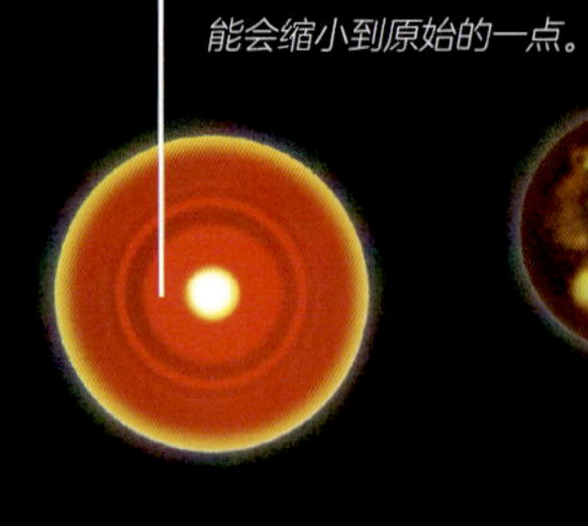

宇宙可能会无限膨胀，也可能会缩小到原始的一点。

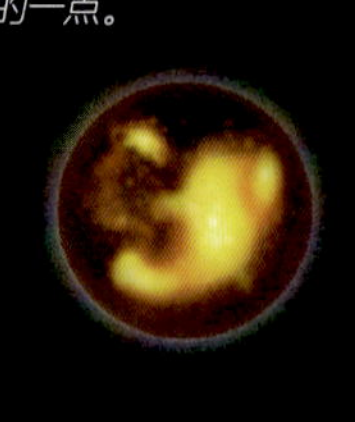

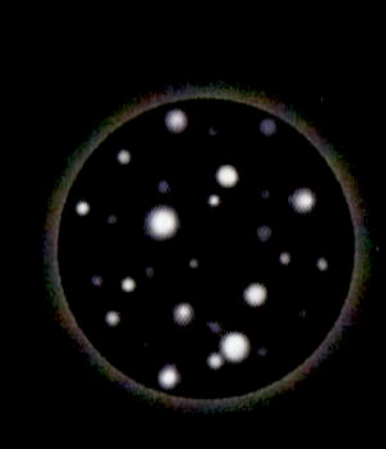

趣味百科

光谱仪是一种用于测量光线的天文仪器，可有助于测量天体与地球的距离。它还可以用来测量宇宙的大小，甚至可以告诉我们恒星是由什么组成的。

百科档案

- 宇宙中星系的数量：约1 000亿个。
- 银河系中恒星的数量：至少2 000亿个。
- 宇宙大爆炸发生的时候：大约138亿年前。

膨胀还是萎缩？

那么，宇宙会在未来某个时刻停止膨胀吗？以及各个星系会持续彼此远离吗？关于宇宙的未来有各种各样的理论。根据“开放宇宙”理论，宇宙将会永远保持膨胀。另一方面，“封闭宇宙”理论认为，总有一天，宇宙将停止膨胀，并开始缩小，直到所有物质都压缩到一个点，就像它刚开始一样。此后，宇宙可能会在这一点上终结，也可能会开始重生！

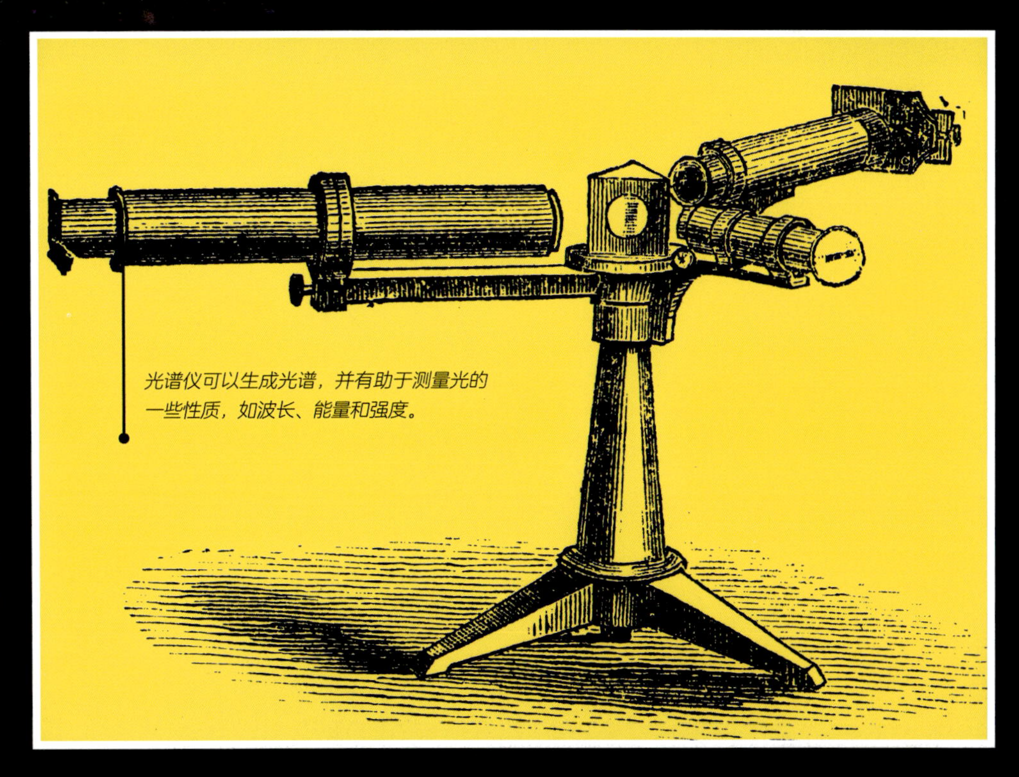

光谱仪可以生成光谱，并有助于测量光的一些性质，如波长、能量和强度。

星系

宇宙是由数百亿个星系组成的。但星系是什么？星系是由尘埃、气体和数以百万亿计的恒星组成，它们由自身的引力结合在一起。

星系的类型

星系有各种形状和大小。根据形状的不同，星系通常分为旋涡星系、椭圆星系或不规则星系。旋涡星系的形状像一个圆形旋涡，有长长的旋臂，新生恒星就在旋臂中诞生。另一方面，呈球状的椭圆星系，由更为成熟的恒星组成。没有固定形状的星系称为不规则星系。

旋涡星系

闪亮的邻居

如你所知，银河系只是宇宙中众多的星系之一。它们大多离我们很遥远，以至于我们根本看不见它们。然而，我们已经发现有一些星系距离我们很近。仙女座星系，也称为梅西耶天体 31（或 M31），就是这些星系中的一个。它的大小几乎是银河系的两倍。

椭圆星系

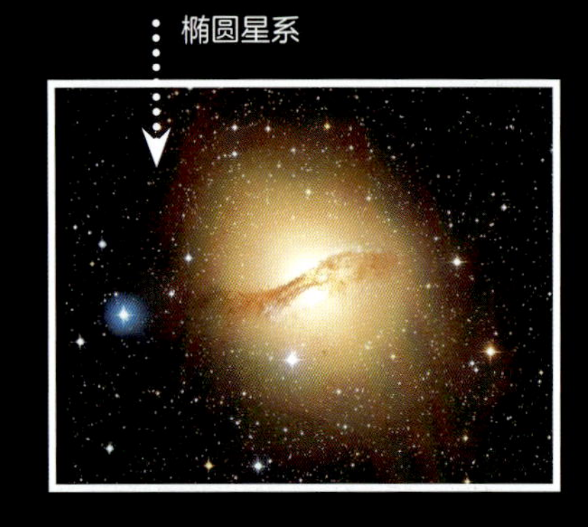

不规则星系

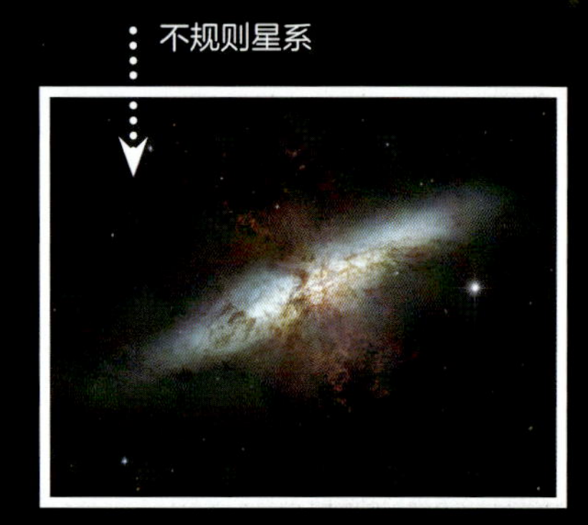

银河系是一个螺涡星系，太阳系位于银河系的猎户座旋臂上。

大约40亿年后，仙女座星系可能会与银河系相撞。一些科学家认为仙女座现在正以每秒近300千米的速度向我们飞来。这两个星系有可能会合并形成一个新的椭圆星系！

碰撞过程

你知道星系之间会发生碰撞吗？当两个星系由于引力的作用而彼此靠近时，就会发生碰撞。在碰撞过程中，星系相互合并最终形成一个新的星系。由于相互碰撞的星系中的恒星通常距离非常远，因此两个星系的碰撞不会产生危险的爆炸。

趣味百科

星系团有两种。有些星系团的星系非常少，有时候被称为不规则星系团，而那些拥有大量星系的星系团则被称为规则星系团。

百科档案

- 银河系的直径：约10万光年。
- 仙女座星系的直径：约20万光年。
- 仙女座星系与地球的距离：约220万光年。
- 太阳与银河系中心的距离：约27 000光年。
- 银河系平均厚度：约10 000光年。
- 银河系中心的厚度：约6 000光年。

闪耀的星空

当我们仰望繁星密布的夜空，很难相信星星实际上是由热气和尘埃组成的巨大球体。新的恒星诞生在被称为星云的尘埃和气体构成的云状物中。一颗恒星从诞生到消亡可以存活数百万年，甚至数十亿年。

空中巨人

恒星根据大小分为巨星和矮星。超巨星是宇宙中质量最大的恒星。这些恒星比太阳还要大400多倍。巨星比超巨星稍小，比较小的恒星是红矮星。我们的太阳是一颗中等大小的黄矮星。

球状星团是成百上千的恒星聚集在一起而形成的一个紧密的球状体。这些星团可能由120亿年前的恒星组成！

恒星团

大多数恒星都是成群出现的。而太阳，是罕见的单独一颗恒星。许多恒星形成一对，被称为双星。它们围绕一个共同的中心旋转。恒星也可以属于更大的星团。天文学家把星团大致分为疏散星团和球状星团。

疏散星团是一个由十几到几百颗恒星组成的松散星团。

星空中的画面

当你抬头看星空的时候，你也许能画出动物和其他形状的图案或轮廓。事实上，古人已经识别出一些星群，例如猎人、熊、蟹、龙以及其他多种形象，而现代天文学家将这些恒星图案称为“星座”。

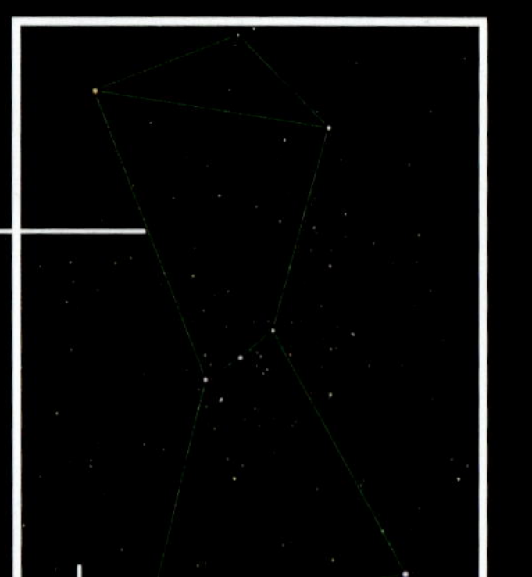

著名的星座包括大熊星座、小熊星座和猎户星座，俗称“猎人星座”。猎户星座通常由三颗明亮的恒星进行辨认，它们排成一排，在空中形成一条光带。

天文学家已经共识别出88个星座，其中包括十二宫星座。在古代，水手们常常通过观察星座来寻找穿越海洋的途径。

趣味百科

大多数恒星离我们太远了，它们的光到达地球需要花费上千万年的时间。在某些情况下，甚至需要几十亿年的时间！

百科档案

- 宇宙中已知恒星的数目：大约7×10^{22}个。
- 肉眼可见的恒星数量：估计约有6 000个。
- 距离地球最近的恒星：太阳，约1.5亿千米。
- 距离太阳系最近的恒星：半人马座比邻星，距地球约40万亿千米。
- 已知星座数量：88个。
- 猎户座的恒星数量：7个。

恒星的消亡

恒星不是永恒存在的，和宇宙一样，它也会随着年岁的增长而膨胀。像太阳这样的小质量恒星，也会不断膨胀并最终消亡。另一方面，大质量的恒星在接近尾声的时候会发出更亮的光，然后在一次巨大的爆炸中分崩离析。

一颗恒星的诞生

恒星是氢气在引力作用下形成的稠密的旋涡状云团。随着云状物旋转的加快，氢原子开始相互碰撞，释放出大量的热量，导致气体发光。这个发光的气体云，被称为原恒星，随着时间的推移，它持续增长并成为一颗恒星。

由中等大小恒星形成的红巨星持续失去它的光亮，然后变成白矮星，直至最后消亡。

超新星

在恒星持续发光时，外层气体开始膨胀然后降温。同时，内核中的氢被转化成氦，使得内核收缩。温度较低的外层开始发出红光，在这个阶段，恒星被称为红巨星。

大质量的恒星形成的红巨星，在一次叫作超新星的巨大爆炸中死亡。当它爆炸时，恒星发出的光亮要比我们的太阳亮10亿倍。

黑洞

超巨星爆炸成超新星后，剩余的核心形成了所谓的黑洞。黑洞的中心点叫作“奇点”。在这个点一定距离范围内的引力非常强，以至于光也无法逃逸它。这个时空的曲隔界线叫作“事件视界”。

因为光本身也会被吸进黑洞，所以黑洞不可见。

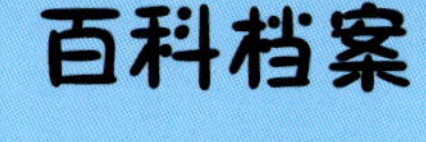

百科档案

- 原恒星的温度可以高达：15 000 000 ℃。
- 有记录以来最亮的超新星：1006年记录到的SN1006。
- 宇宙中最亮的恒星：手枪星是已知最明亮的恒星之一，能量大约是太阳的10 000 000倍。

太阳系

太阳、八大行星及其卫星、小行星、彗星和流星共同组成了太阳系。我们的太阳系位于银河系旋臂的边缘。

了解我们的太阳系

太阳系的形状像一个鸡蛋。在四十多亿年前，太阳系还是由在银河系中漂移的巨大气体、岩石和冰粒子组成的。这团物质开始相互挤压在一起，在这个过程中产生热量。最后这团物质的中心发生爆炸，诞生了太阳。很快，八大行星也随之产生。

天体

行星是围绕着恒星旋转的巨大天体。已知我们太阳系中有八颗行星。离太阳最近的几颗行星被称为内行星。这些行星主要由岩石构成，包括水星、金星、地球和火星，木星、土星、天王星和海王星被称为外行星。

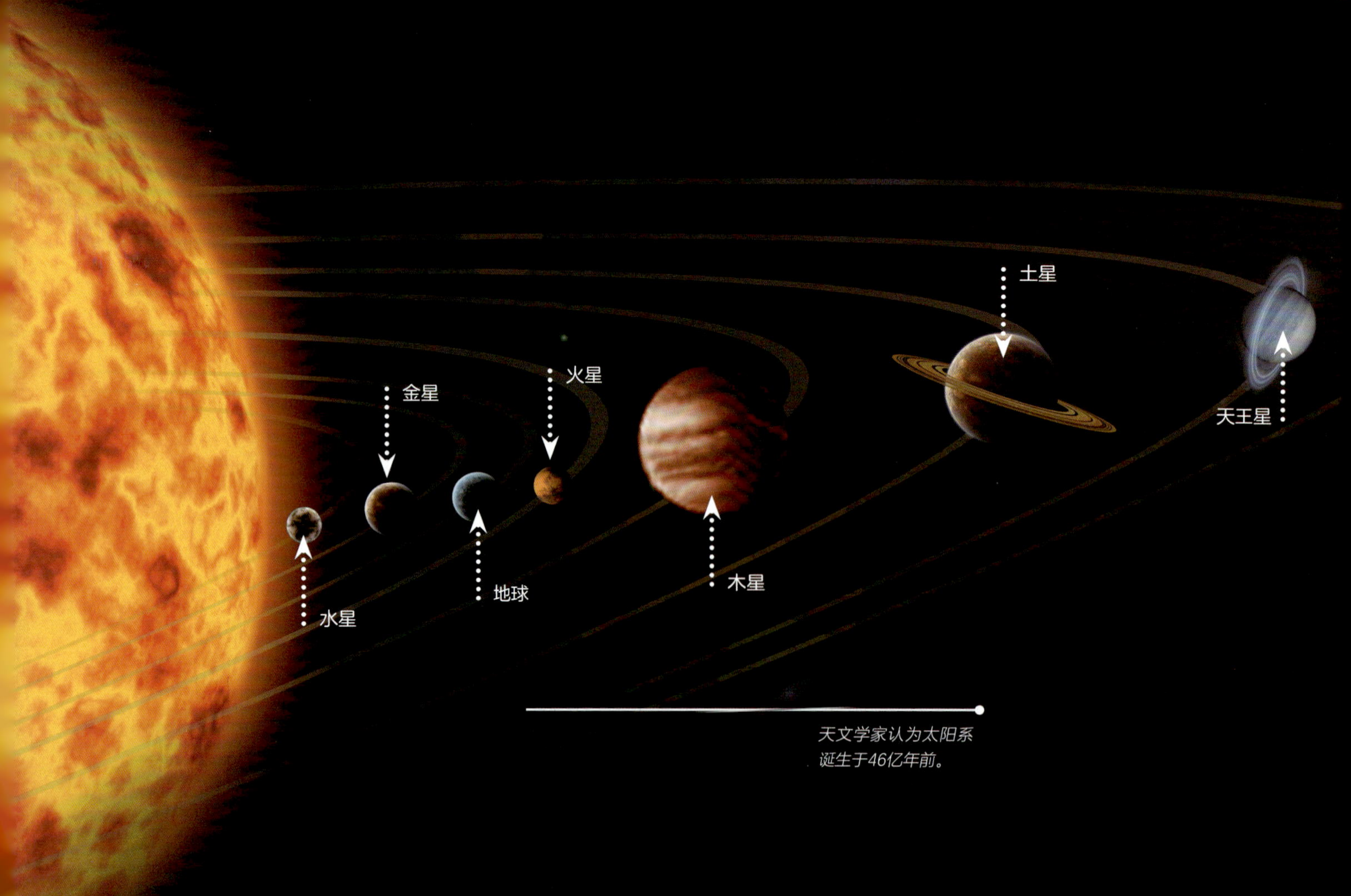

天文学家认为太阳系诞生于46亿年前。

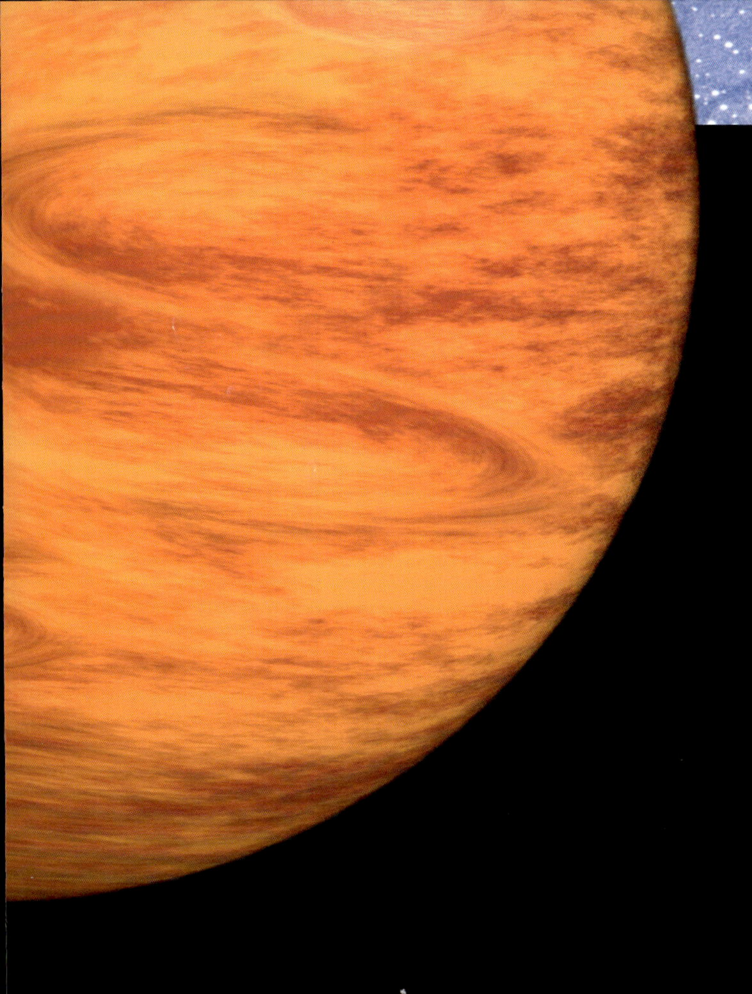

最大的行星

木星是太阳系中最大的行星。它的自转速度比其他行星快，它拥有卫星数量也是最多的。关于木星有一个惊人的事实，科学家们认为一场巨大的雷暴雨已经在其表面肆虐了 300 多年。这场风暴的区域被称为大红斑。

趣味百科

天王星是较小的气体行星之一。但它的体积仍然足够容纳64颗地球大小的行星。这颗行星需要84年才能完成一次公转。因此它的每一极会连续接受21年的阳光照射，也会在完全黑暗中保持相同的时间。

海王星

水星是距离太阳最近的行星，大约和我们的月亮一样大，是太阳系中最热的行星，水星完成一个公转只需要88天。

百科档案

- 水星直径：约4 878 千米。
- 木星直径：约 142 984 千米。
- 木星绕太阳一周所需要的时间：大约 12年。
- 水星的最高温度：约427 ℃。
- 木星的卫星数量：已知79个。

彗星和小行星

除了太阳和八大行星以及它们的卫星，我们的太阳系还包含一些岩石块、金属块和冰块。这些物体是小行星、流星和彗星。跟行星一样，这些天体也围绕太阳运行。

小行星

小行星是绕太阳运行的类行星物体。这些岩石块比行星小，大小不一，有些直径只有约 1 000 千米。

流星

你曾对流星许过愿吗？你可能会惊讶地发现，流星并不是真正的恒星，而是一些燃烧的岩石块，这些岩石块是彗星或小行星的残余碎片。当流星体进入地球大气层时，它可能与大气中的空气分子发生碰撞，燃烧成流星。

太阳系中有数千颗小行星，其中大多数位于火星和木星之间的区域，被称为小行星带。

彗星

彗星是由冰和岩石构成的。当彗星接近太阳时，其冰质的内核外层融化，释放出气体和尘埃粒子。它们被推到彗星后面形成尾巴。一些彗星的尾部可长达 1.5 亿千米！

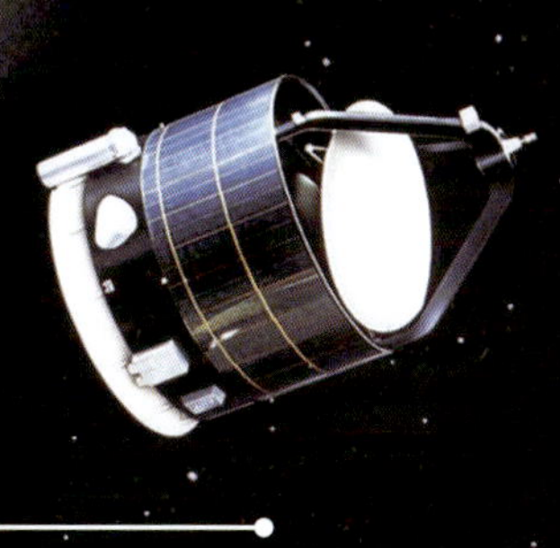

哈雷彗星每76年可见一次，这是它绕太阳一周所需的时间。

大型流星体的碎片被称为陨石，可能会撞击地球表面，形成巨大的陨石坑。

百科档案

- 已知彗星的数量：超过1 600个。
- 已知最大的彗星：半人马小行星——喀戎，直径182 千米。
- 哈雷彗星将会再次出现在：2061年。
- 尾部最长的彗星之一：百武彗星的尾部超过5.7亿千米。
- 最大的小行星：伊克西翁小行星28978，它的直径被认为超过1 250千米。

黄矮星

我们称之为太阳的火球实际上是一颗中等大小的恒星。由于太阳的引力作用将八大行星和太阳系中所有较小的天体维持在各自的轨道上。与宇宙中许多其他恒星相比，太阳更小，也更年轻。它大约形成于46亿年前。

内核的热量

虽然太阳看起来像一个火球，但实际上它并没有燃烧。你见过一块铁被加热以后变红的样子吗？太阳的光亮与那块烧热的铁类似。

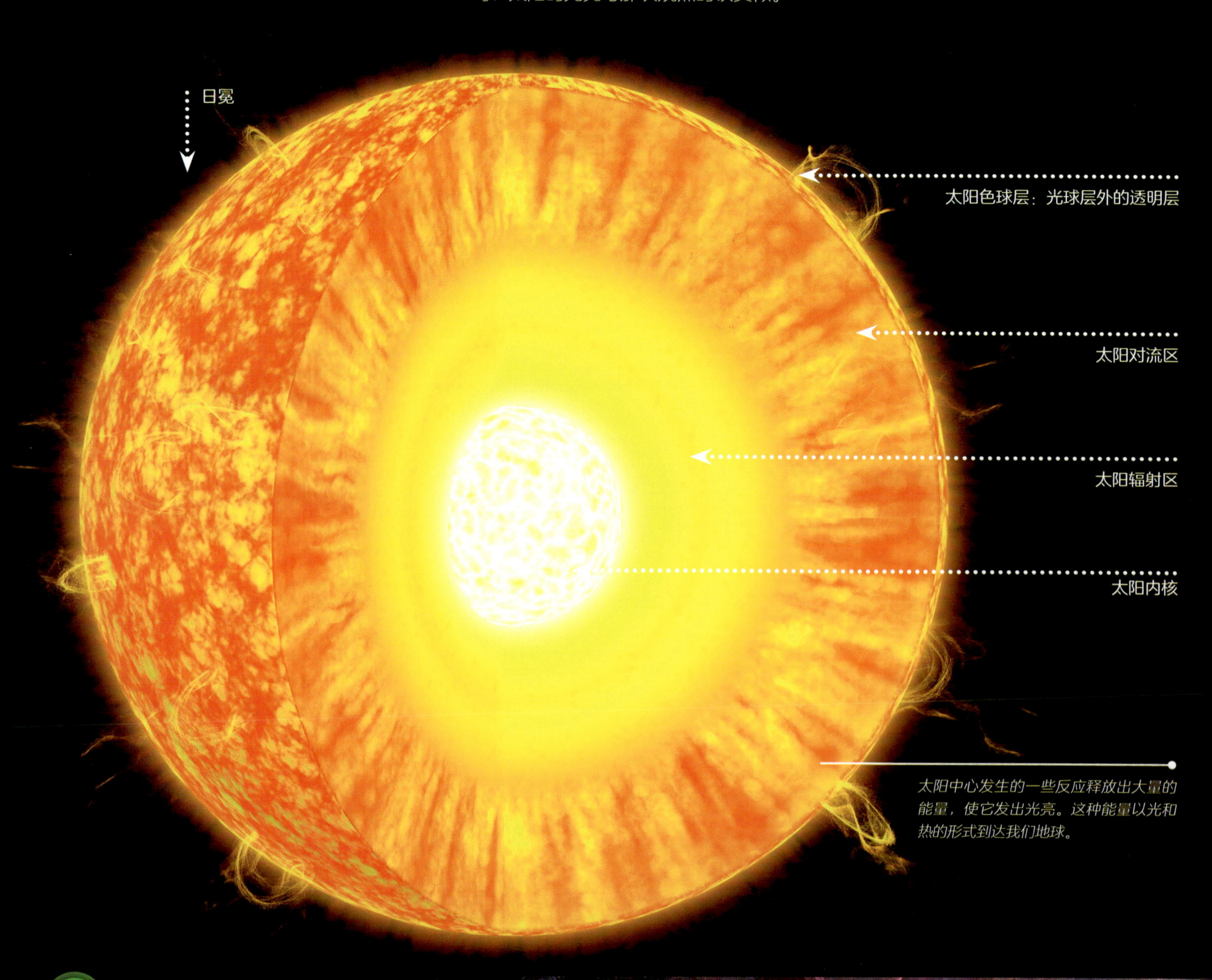

太阳中心发生的一些反应释放出大量的能量，使它发出光亮。这种能量以光和热的形式到达我们地球。

太阳耀斑和太阳风

有时，太阳会释放出大量的磁能，将气体喷射入太空。这种现象称为太阳耀斑，会导致太阳亮度突然增加。太阳耀斑之后会喷出带电粒子流，如质子和电子。这种带电粒子流被称为太阳风。

隐藏的太阳

你能想象如果太阳在中午突然消失会是什么样子吗！日食期间，月亮经过太阳前面，部分或全部挡住太阳。日食可以是全食、偏食或环食。

来自太阳的带电粒子和空气中的分子之间发生碰撞产生了一种叫作极光的发光现象。极光以彩带或光带为主要特点。

太阳耀斑是太阳表面突然爆发的高能辐射。

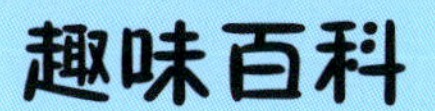

趣味百科

在中国，古人们常常认为日食是因为天狗想要吃掉太阳所致。于是，人们会敲锣打鼓，制造很多噪声把天狗吓跑。

百科档案

- 太阳绕银河系旋转所需的时间：约2.2亿年。
- 太阳直径：约1 392 000千米。
- 太阳的引力：几乎是地球引力的33倍。
- 太阳表面的温度：约 5 527 ℃。
- 太阳中心的温度：超过15 000 000 ℃。

蓝色星球

地球是太阳系第五大行星。它是唯一一颗拥有大量水和氧气的行星，它们都是维持生命必需的物质。

如果你从太空往下看，地球看起来会是蓝色的，因为它70%的表面覆盖着水。因此，它也被称为“蓝色星球”。

氧气约占大气层总量的21%。氧气是维持生命的气体，其他行星没有足够的氧气。

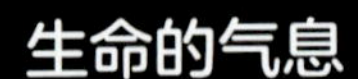

生命的气息

跟其他所有行星一样，地球也有一层环绕行星的气体，被称为大气层。地球大气层分为 4 层：对流层、平流层、中间层和热层。在地球大气层里的所有气体中，氮最为丰富。还有微量的氢、二氧化碳和水蒸气。

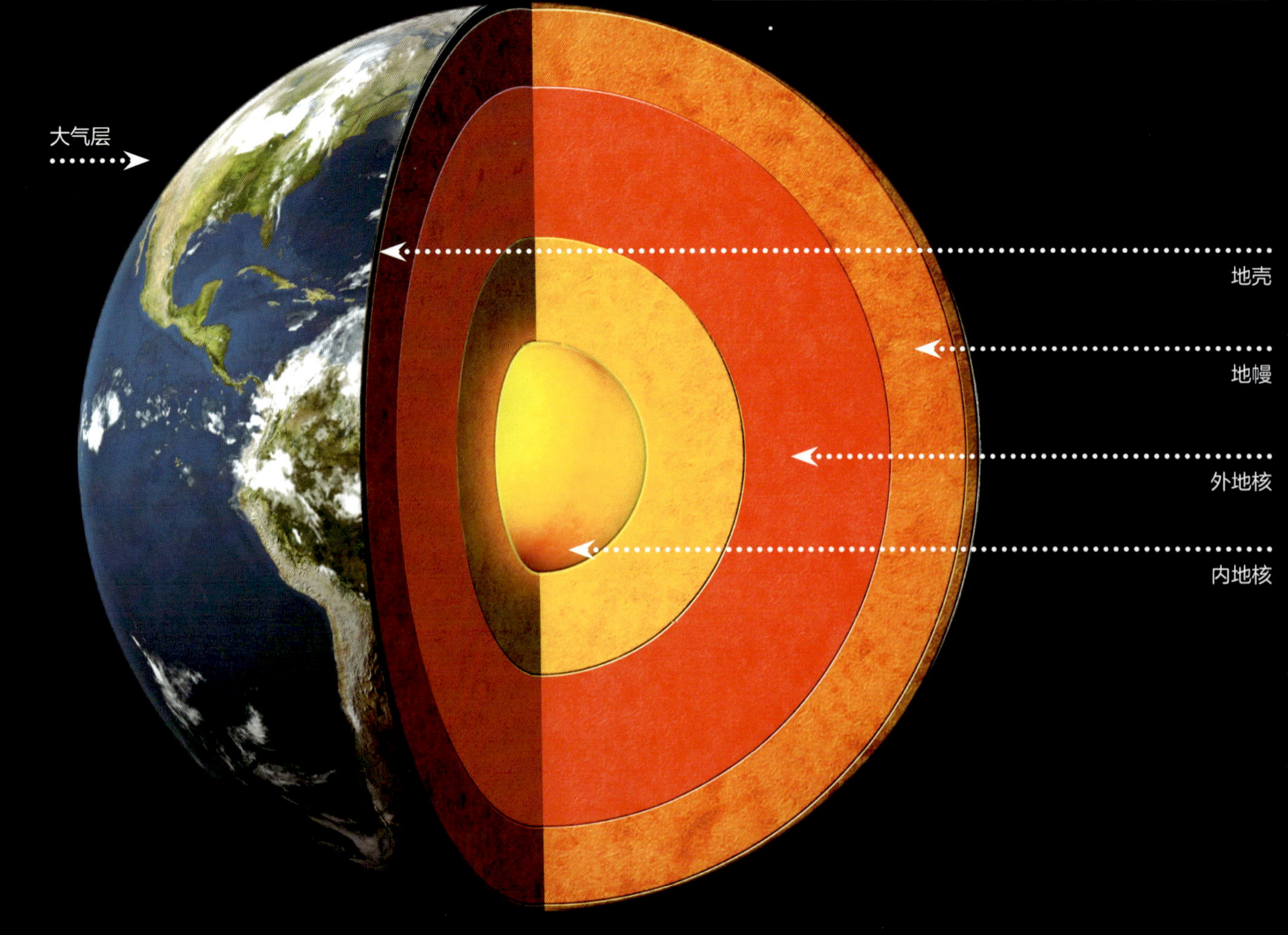

地球分层

与大气层一样，地球的内部也被分成不同的层。最内层被称为地核，由铁和镍组成。其次围绕地核的是被称为地幔的熔融层。地幔的温度很高，足以部分熔化这一层的岩石。最外层被称为地壳，是一层薄薄的岩石。我们人类就生活在地壳上。

趣味百科

地球并不是正圆的，而是一个不规则球体。北极和南极有点平坦，赤道周围有一点隆起。

百科档案

- 与太阳的距离：约1.52亿千米。
- 绕太阳一周的距离：9.4亿千米。
- 地球上大洲的数量：7个。
- 地球上大洋的数量：4个。
- 最高的山峰：珠穆朗玛峰，高8 844.43米。
- 最长的河流：尼罗河，长约6 670千米。
- 最大的沙漠：撒哈拉，932万平方千米。

地球的旋转

跟其他所有行星一样，地球也围绕着太阳旋转。同时，它也绕自己的轴旋转。地球完成一次自转大约需要 24 小时，而围绕太阳的一次公转大约需要 365 天。

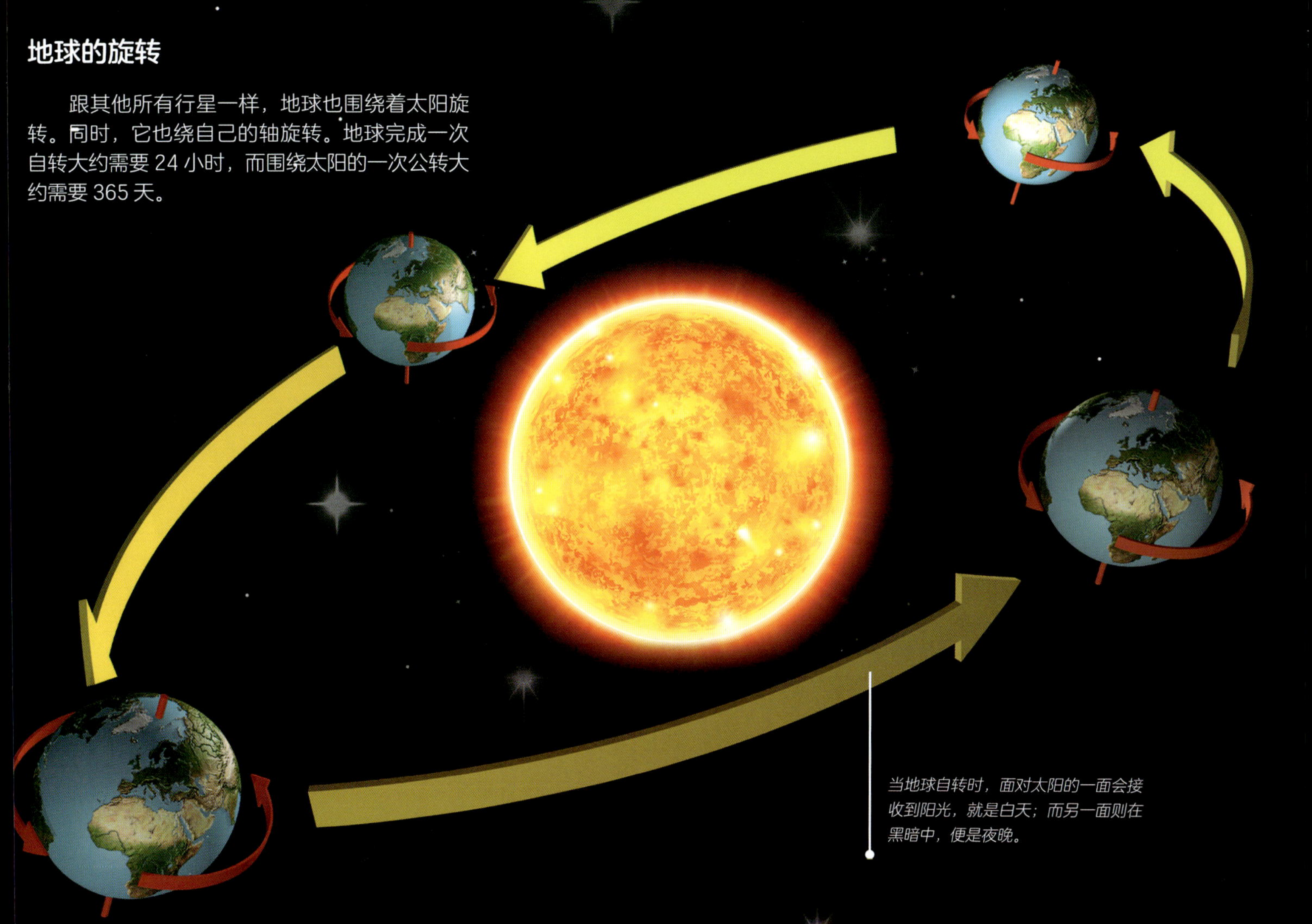

当地球自转时，面对太阳的一面会接收到阳光，就是白天；而另一面则在黑暗中，便是夜晚。

红色星球

火星是太阳系的第四颗行星，多年来一直是人们感兴趣的话题。火星的表面呈干燥的沙漠化，其土壤和岩石富含铁元素。

虽然覆盖火星周围的大气层比地球的大气层要稀薄，但也足以支撑某些类型的生命。这就是科学家认为火星上曾经存在过生命的原因。

火星上的生命

在所有行星中，火星与地球最为相似。因为它离太阳不太近，火星永远不会太热。然而尽管如此，火星上冬季的气温会低至零下130 ℃。虽然火星的大气层几乎全部由二氧化碳构成，但人们还是相信，它可以支持一些不需要氧气就能生存的生命形式。

冰冻水

科学家们认为，可能几十亿年前，火星上曾经有流动水源。根据他们的说法，当时的火星上有湖泊、河流，也许还有海洋。随着火星开始降温，火星表面的水开始结冰。这也可以解释为什么在火星两极冰冠中常年有冰冻水的存在。

铁元素的存在，使火星呈红色。因此，它也被称为“红色星球”。

趣味百科

科学家们认为，火星的一颗卫星“火卫一”正在向火星靠近。据说，在3 000万～5 000万年后，它将坠入火星表面，要么被完全摧毁，要么碰撞碎裂成一圈尘埃和其他小颗粒。

生命的证据

多年来，科学家们一直试图找到更多关于火星生命的信息。为了寻找这方面的证据，人类已经进行了几次太空探索。1984 年，科学家在南极发现了一颗火星小陨石。这颗陨石有 45 亿年的历史，是已知最古老的陨石。科学家声称，陨石中含有的物质与地球上某些微小生命体中发现的物质相似。然而，关于火星上是否存在生命，仍然没有明确的证据。

火星上布满了火山口、悬崖和火山。其中一座火山，奥林匹斯山大约有珠穆朗玛峰的2.5倍高，也是我们太阳系中已知的最大的火山。

百科档案

- 与太阳的距离：约2.28亿千米。
- 绕太阳一周所需要的时间：687 天。
- 自转一周所需要的时间：约24小时37分钟。
- 奥林匹斯山的高度：约21 171米。

“指环王”

土星是太阳系第二大行星。它的体积几乎是地球体积的10倍大，并且拥有60多个卫星。泰坦星被认为是土星最大的卫星，其大气层主要由氮和碳氢化合物构成。

气态表面

科学家认为土星上没有固体表面。木星和土星都主要由气体组成。土星有一个岩质内核，被液体覆盖。这意味着如果我们在土星上着陆，我们将在空中行走！

冰环

土星是太阳系的第六颗行星，最有名的就是它的环。它被七个主环包围，这些主环由数千个较小的环组成。这些环由尘埃颗粒和数十亿计的小冰块组成，冰块的大小不一，从微小的斑点到小山一样大小。这些冰块和尘埃不断地围绕行星运行。

土星研究

在1980年和1981年，两个“旅行者号”宇宙飞船先后访问了土星。“旅行者1号”和“旅行者2号”拍摄了这颗行星及其卫星的照片。它们帮助我们更多地了解了土星环。它们还发现，其中一个卫星，“土卫六”有一层厚厚的大气层，主要成分是氮，这与地球的大气层非常相似。

百科档案

- 与太阳的距离：约14.27亿千米。
- 绕太阳一周所需要的时间：几乎要30年。
- 自转一周所需要的时间：约11小时。
- 风速可达：约1 800千米/时。

趣味百科

土星是第二大行星，但却不是很重。事实上，如果将其放置在一个巨大的海洋上，土星甚至会漂浮起来！

土星也被认为是风最大的行星，它的风速可以达到地球上最猛烈飓风的4倍以上。

对宇宙及其所有元素的研究称为天文学。几个世纪以来，人类一直对宇宙有浓厚兴趣。自从人类第一次仰望天空以来，就一直在试图解开宇宙的奥秘。

古代的理解

在古代，人们通过编造传说来解释他们不理解的事情。根据一个古老的东方传说，地球是一个扁平的盘状，被放在四头大象的背上托着。这些大象站在一只乌龟身上，而乌龟又靠在一条蛇上。古埃及人认为，天空女神努特，用她的脚和手指接触地面，她的身体在地球上形成一个拱形。她弯曲的腹部被认为是星光闪烁的天空。

第一台望远镜

人们认为第一台望远镜是1608年由荷兰眼镜制造商汉斯·利波希（1570—1619）发明的。他的望远镜有两个形状稍有不同的透镜，放在一根管子的两端。著名的意大利科学家伽利略·伽利雷（1564—1642）在第二年制作了自己的望远镜。伽利略用他的望远镜首次发现了木星的卫星。

百科档案

- 1543年：哥白尼在出版的书中阐述太阳是太阳系中心的理论。
- 1609年：伽利略发明了一个望远镜。
- 1687年：牛顿出版了他的著作《数学原理》，其中包括运动定律和万有引力定律。
- 1924年：哈勃宣布在银河系之外还有星系的存在。

古巴比伦人是已知最早的天文学爱好者。早在公元前2000年，他们就已经记录了我们今天所知道的许多恒星和行星。

著名天文学家

英国科学家艾萨克·牛顿爵士（1643—1727）坐在一棵苹果树下的时候，得到了一个革命性的发现。一个苹果从树上掉下来，使牛顿想到它为什么不是上升而是下降呢。这个简单的问题导致了有史以来最伟大的发现之一——万有引力。美国天文学家爱德温·哈勃（1889—1953）又有了一个突破性的发现。他是第一个提出宇宙膨胀理论的人。史蒂芬·霍金（1942—2018）在引力和黑洞方面有重要发现。他被认为是21世纪最伟大的物理学家之一。

牛顿解释说，万有引力作用使得行星及其卫星保持在其应有的位置。

趣味百科

很多年前，人们认为地球是宇宙的中心，太阳、月亮和星星是围绕地球旋转的。波兰天文学家尼古拉斯·哥白尼（1473—1543）建立了“太阳中心说”的理论。

众多卫星

就像行星围绕着太阳转旋一样，也有一些较小的天体围绕着行星运动。这些围绕行星旋转的天体被称为卫星。有些行星有不止一个卫星。

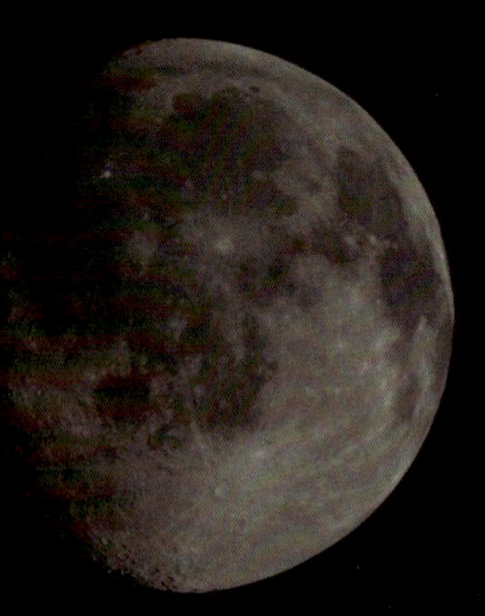

我们的卫星

“月亮”这个词是用来特指地球的卫星，也叫月球。月球是由坚硬的岩石构成的。月球地表凹凸不平，有的地方是粉状岩石的平原，有的地方又是高山。其表面还有一个巨大的陨石坑。月球上没有空气或水，因此无法维持生命。

趣味百科

天文学家关于地球卫星的起源有一个有趣的理论。他们认为有一个像火星这样大的天体曾经与地球表面相撞。由于撞击生产大量的岩石碎片被抛进了太空。然后这些碎片聚集一起形成了月球！

其他卫星

除了地球之外，还有六个行星也有自己的卫星。火星有两个卫星——“火卫一”和“火卫二”。人们认为这些卫星可能曾经是小行星。土星有 60 多颗卫星，一直以来它都被认为是拥有卫星数量最多的行星。然而，最近发现木星有 70 多颗卫星，成为新的冠军。

月相

月亮并不总是呈满圆形的。它的形状会经历不同的阶段。在新月阶段之初，月亮位于地球和太阳之间。面向地球的一面背离太阳，因此是黑暗的。这使得月球从地球上看不见。几天之后，一条被太阳照亮的细线出现了，这就是新月。当月亮绕地球运行一半来到地球的另一边，就可以看到阳光充足的一面，这就是满月。

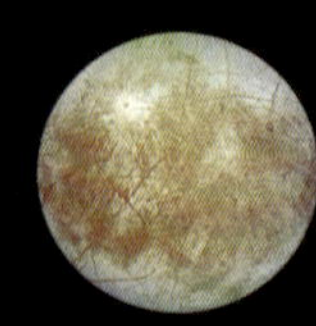

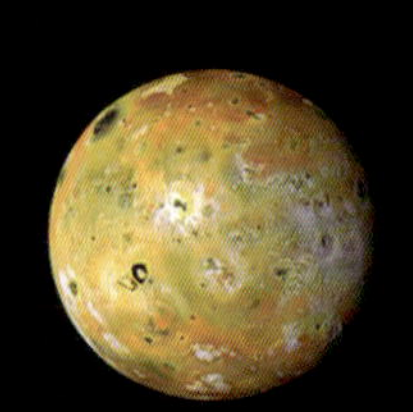

木星所有的卫星中，最著名的是“木卫三”“木卫一”“木卫二”和“木卫四”。这些卫星是1610年意大利著名天文学家伽利略发现的。

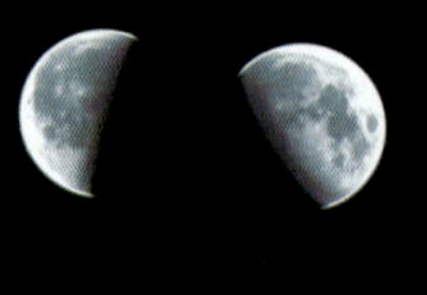

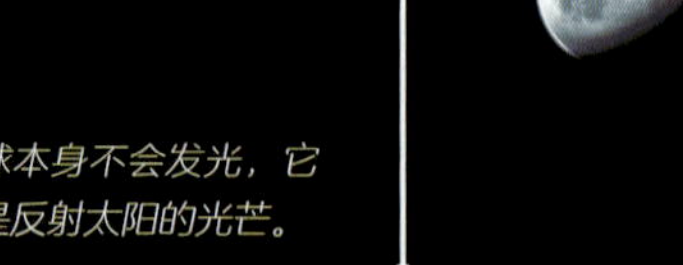

月球本身不会发光，它只是反射太阳的光芒。

人造卫星和探测器

为了了解更多关于宇宙的知识，人类想尽一切办法，不断努力学习。除了仰望天空和通过望远镜来观察以外，我们还发射了人造卫星和太空探测器，并借助它们将信息带回地球。

空中的眼睛

人造卫星是围绕行星运行的物体，我们还将人造卫星送入太空。与月球一样，人造卫星也围绕地球或任何其他行星旋转。这有助于我们了解它们所环绕的行星。探测器是一种无人驾驶的航天器，用于收集宇宙中除地球以外的物体的信息。许多人造卫星也属于这一类。

人造卫星的修理

人造卫星是机器，容易出故障。但是，如何对一个不断围绕地球旋转的物体进行修理呢？修理人造卫星的唯一方法就是进入太空并将其取回。这看起来似乎是一项艰巨的任务，但空间技术的发展使之成为可能。人类通常借助航天飞机取回人造卫星。

卫星脱轨

人造卫星一旦进入轨道，通常会保持在其航道上。当偏离轨道时，人造卫星就无法返回地球了。如果朝着太阳方向飞去，它周围的粒子和太阳的能量将导致其燃烧；如果是背离太阳方向飞，它将漂浮在太空中，成为一块太空垃圾。

宇航员使用连接在航天飞机上的机械臂去抓住人造卫星，将其固定在航天飞机上。然后宇航员们进行几次太空行走来修理或更换有故障的系统。

人造卫星有许多种类。通信卫星用来发送无线电和电视信号。气象卫星用来预测天气状况。导航卫星可帮助船只和飞机找到方向。

趣味百科

“卡西尼—惠更斯号”土星探测器于1997年10月15日发射升空。太空船由两部分组成：“卡西尼号”轨道飞行器和惠更斯号探测器。宇宙飞船花了7年时间到达土星并进入其轨道，这是人类第一次到达土星。科学家们希望用这个探测器接收有关土星环及其卫星的信息。

探索宇宙

多年以来，人类只满足于仰望天空，研究太阳、月亮和星星。然而，在过去的约40年以来，飞速发展的科技，帮助我们成功离开地球，身临其境地去造访宇宙中的其他星球。

从什么时候开始的

1945 年，第二次世界大战结束后，美国和苏联都开始实施各自的太空计划，建造超级强大的火箭，使人类太空旅行成为可能。一场用无人探测器和载人飞船进入太空的竞赛，在两国之间展开。

趣味百科

第一个在太空中存在的生物并不是人类。1957年11月3日，苏联一只名叫莱卡的狗乘坐“斯普特尼克2号”被送入太空。太空中的第一位女性是苏联宇航员瓦伦蒂娜·捷列什科娃。1963年6月16日，她乘坐“东方6号”进入太空。

1961年5月5日，艾伦·谢泼德成为第一个进入太空的美国人。他乘坐的是“自由7号”飞船。

登上月球的人类

美国人是第一个登上月球的。1969 年 7 月 20 日，两名美国宇航员尼尔·阿姆斯特朗和巴兹·奥尔德林首次踏上了月球。他们的运载工具是“阿波罗 11 号”。第三名宇航员迈克尔·柯林斯继续在轨飞行，以便进行测试和拍照。

首次登陆月球的两人在月球表面停留了21个多小时，研究并收集岩石带回地球。

发射

1957 年 10 月 4 日，苏联成为第一个将人造卫星“斯普特尼克 1 号”发射入太空的国家。1958 年 1 月 31 日，美国发射了其第一颗卫星“探险者 1 号”。另一颗美国卫星“先锋 4 号”于 1959 年 3 月发射升空，它是一颗月球探测器，最终进入绕太阳的轨道，并在那里持续运行。

百科档案

- 环绕地球的总人数：至少 432人。
- 进入太空的总人数：超过 500人。
- 曾在太空中停留时间最长的人：俄罗斯的谢尔盖·阿夫杰耶夫，三次航行大约748天。
- 太空航行次数最多的人：美国宇航员富兰克林·张-迪亚兹和杰里·罗斯，7次太空航行。

苏联是第一个将人类送上太空的国家。宇航员尤里·加加林于1961年4月12日乘坐“东方1号”进入太空运行轨道。

太空穿梭

在太空里飞行可不像开飞机那么容易，它复杂得多，需要很多技巧。天文学家用火箭推动航天飞机进入太空。

上升、轨道飞行、返回

航天飞机看起来像飞机。它被用来向太空发射卫星，还可以带回受损的卫星，并将人员和补给运送到空间站。航天飞机包括一个轨道飞行器、两个火箭助推器、一个外部燃料箱和两个较小的燃料箱。只有轨道飞行器和两个小的燃料箱进入轨道。火箭升空后不久就开始脱离。一旦进入太空，外部油箱也会被丢弃。航天飞机可以像飞机一样降落在跑道上。

为航天飞机命名

美国航天局有三个现役航天飞机计划："发现号""亚特兰蒂斯号"和"奋进号"。"发现号"是以两艘同名的著名船只命名的。"亚特兰蒂斯号"是以一艘研究船命名的，而"奋进号"则是以詹姆斯·库克指挥的第一艘船只命名的，库克因发现新西兰、勘察澳大利亚和绕大堡礁航行而闻名。此外，美国宇航局还拥有"企业号"和"探路者号"航天飞机。

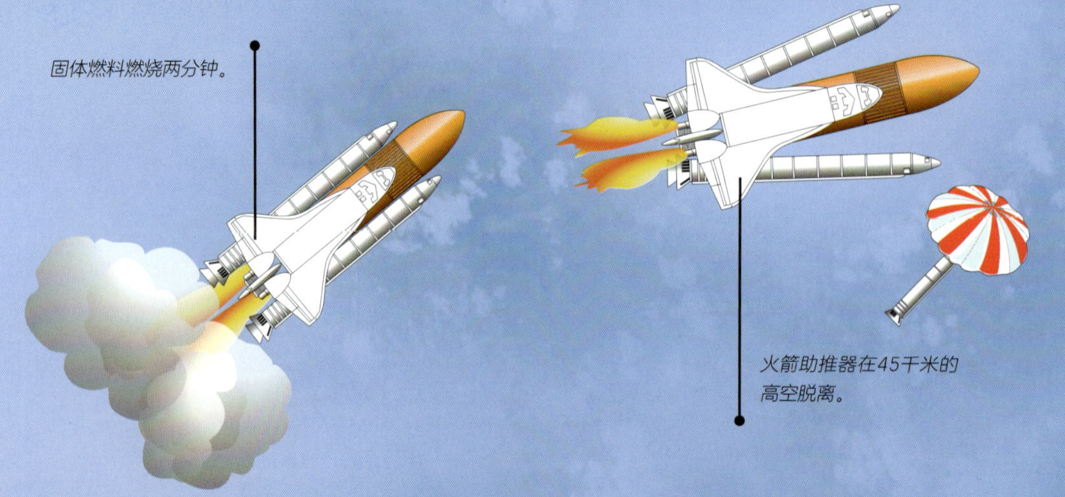

固体燃料燃烧两分钟。

火箭助推器在45千米的高空脱离。

趣味百科

航天飞机以28 164千米/时的速度绕地球飞行。所以在航天飞机上只要90分钟就可以环游世界。此外，航天飞机的机组人员每45分钟就能看到一次日落或日出!

突破障碍

宇航员必须面对的最大挑战之一是地球引力。地球引力非常强，只有使速度达到40 000千米/时以上时才能将航天飞机推送进入太空。氢和氧的混合物在高压下燃烧，助推火箭达到这种速度。一旦火箭将航天飞机推送进入太空，它们就会落回地球，通常会掉到海里，可从海里回收后再利用。

百科档案

- 航天飞机飞行时的温度：约816 ℃，比沸水的温度还要高7倍。
- 航天飞机的起飞重量：约204万千克。
- 宇航员数量：通常是5～7个，最高容纳10个。
- 航天飞机轨道的最大高度：大约965千米。
- 轨道飞行器的长度：超过 37 米。
- 轨道飞行器的高度：约17 米。

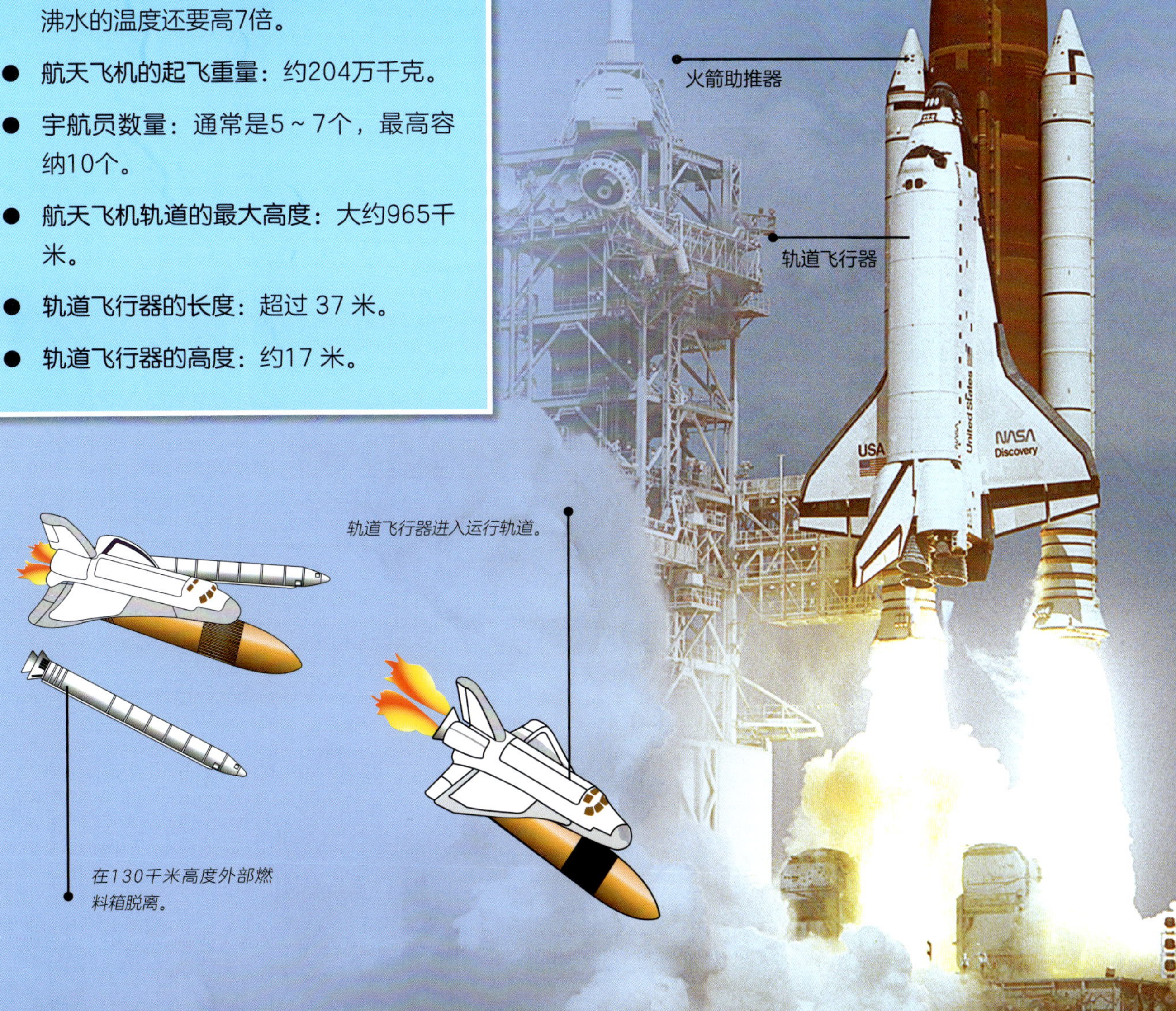

太空服饰

我们总是要穿与天气相适宜的衣服和鞋子。夏天我们穿轻便的衣服来保持凉爽，冬天我们把暖和的毛料衣物拿出来穿上。因此，宇航员在执行太空航行任务时也需要特殊的宇航服。

适合各种任务的服装

宇航员有不止一套宇航服。当太空船离开或重新进入地球大气层时，宇航员会穿上一套带降落伞的特殊套装。这套衣服有头盔、手套和靴子。在航天飞机内部，宇航员穿着舒适的衣服，如针织衬衫、裤子或飞行服。他们还携带特殊的夹克、睡裤、拖鞋和内衣，这些衣服都有特殊的衬里来保护宇航员。

宇航员使用一个特殊的充氮背包，帮助他们在太空中自由飞行。这个被称为“载人机动装置”（或MMU）的设备装在宇航服上。里面还有一个照相机，宇航员可以在飞行中进行拍照。

宇航服可以为宇航员提供氧气，保护他们免受太空温度变化的影响，还能防止小陨石的撞击。

舱外活动

当宇航员在航天飞机外执行任务时，他们会穿上一种叫作“舱外机动套装”（EMU）的特殊服装。这套宇航服的设计很灵活，有几个部分。每个部分都有不同的尺寸，可以组装以适合任何宇航员。宇航服里有管子，可以让水流过身体。这个设计可以使宇航员保持正常体温。宇航员还需要佩戴深色的面罩来保护眼睛不因受到强烈的太阳光直射而受伤。

适宜太空的特点

太空中的情况显然与我们在地球上所面临的情况大不相同。因此，宇航服有几个特点：可以保护宇航员免受恶劣环境的影响；这些特殊的宇航服很结实，由尼龙和凯夫拉（一种橡胶）等织物制成；宇航服在地球上很重，但由于在太空中没有重力的影响，它们因失重而变得很轻。

趣味百科

在地球上，一套舱外活动装置的重量可达40千克，而一套载人机动装置的重量可达141千克。但在太空中，这些东西很容易携带，因为太空中没有重力的影响。

百科档案

- 宇航服可承受的最高温度：121 ℃。
- 宇航服可承受的最低温度： -157 ℃。
- 一套舱外活动装置的费用：超过1 200万美元。

我们在地球上所有的正常活动在太空中都不能轻易完成。这是因为地球引力将我们的双脚牢牢地固定在地球上，而这种引力在太空中几乎完全不存在。你能想象在太空中刷牙、吃饭或上厕所的情景吗？宇航员需要很长时间来适应太空中的特殊条件。

保持健康

太空中较低的重力可能会导致人的不安，还会在人体内引起多种并发症，包括晕动病、骨质流失和正常骨质形成率降低。因此，宇航员必须定期锻炼。他们使用跑步机、固定自行车或划船机等设备来完成这项任务。

日常生活

在宇宙飞船里，食物也会漂走。通常食物会进行脱水处理，这样它就可以减轻重量，便于储存。在航天飞机上睡觉会很有趣！你会在舱内漂浮不定，时不时会撞到舱壁。因此，大多数宇航员更喜欢被装进睡袋里。他们会在头上绑着一个小枕头。

宇航员在太空停留期间保持健康是至关重要的，缺乏重力的影响会导致各种身体机能出现紊乱。

打扫卫生

在太空中，疾病很容易在宇航员之间传播，因此对生活区和厕所要定期打扫。脏衣服和垃圾都存放在真空密封的塑料袋里，带回地球。厕所将排泄物从宇航员体内转移到容器中，然后密封起来。宇航员通常用海绵洗澡。

趣味百科

宇航员在太空中的身高会增加约5厘米。此外，他们的面部看起来更肿胀，腿更瘦，因为太空中没有重力作用于身体内部的液体。这种变化通常被称为“液体移位”。宇航员还会失去肌肉质量，除非他们保持锻炼。他们的心脏组织也会萎缩，因为在太空中心脏需要泵出的血液量更少。

百科档案

- 空间站的温度保持在恒定的：21 ℃。
- 宇航员每个月在太空中可能损失的骨量：高达1%。
- 空间站里的一天：工作和锻炼14小时，准备和吃饭1.5小时，睡眠8.5小时。

在太空失重的环境中，宇航员承受着骨质流失的折磨。这是一种类似于骨质疏松症的疾病。

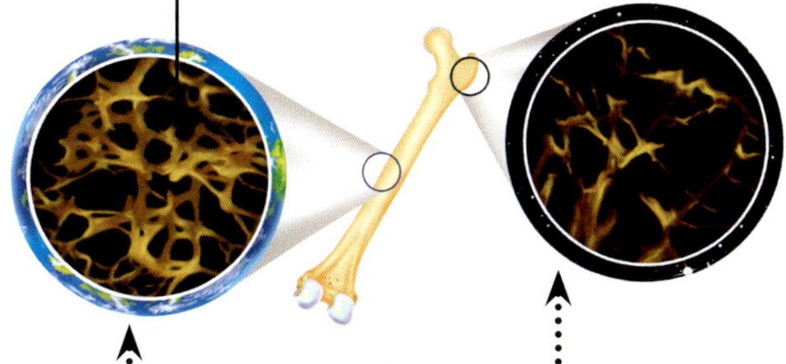

太空事故

在过去的一个世纪里，人类在太空探索领域取得了巨大的进步。但成功是以牺牲许多勇敢的宇航员和地勤人员的生命为代价的，因为进入太空既刺激又危险。

早期的失败经历

早期以事故而告终的太空任务中，“阿波罗－土星 204”就是其中之一，也即“阿波罗 1 号”。机组人员在进行演习训练的时候，突然起火并发生爆炸，3 名宇航员全部遇难。首次飞行事故是苏联“联盟 1 号”飞船的事故。在返回的过程中，降落伞未能打开，飞船在一片田野中坠毁，导致其唯一的宇航员弗拉基米尔·科马罗夫死亡。

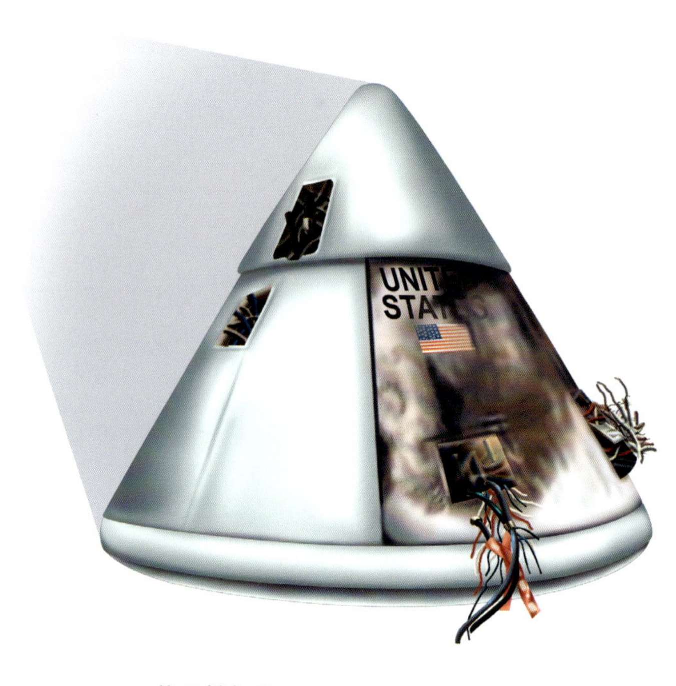

当发生火灾时，“阿波罗1号”上的宇航员被困在舱内。

“挑战者号”在当时是第一个计划将一名教师送入太空的飞船。莎伦·克里斯塔·麦考利夫是从11 000名申请美国宇航局太空教师计划（TISP）的候选人中选出的。不幸的是，就在“挑战者号”发射仅仅73秒后，它就发生爆炸，导致7名宇航员全部遇难。

悲剧结局

另一起悲惨的飞行事故是苏联“联盟 11 号”宇宙飞船。1971 年 6 月，机组人员成为第一个在“礼炮 1 号”空间站对接的人。在空间站停留三周后，机组人员解除与空间站的对接准备返回家园。然而，飞船上的一个阀门意外打开，将飞船内的空气排向太空，机上三人全部遇难。

“联盟11号”飞船的太空舱安全着陆后，回收小组打开太空舱时发现他们已死亡。

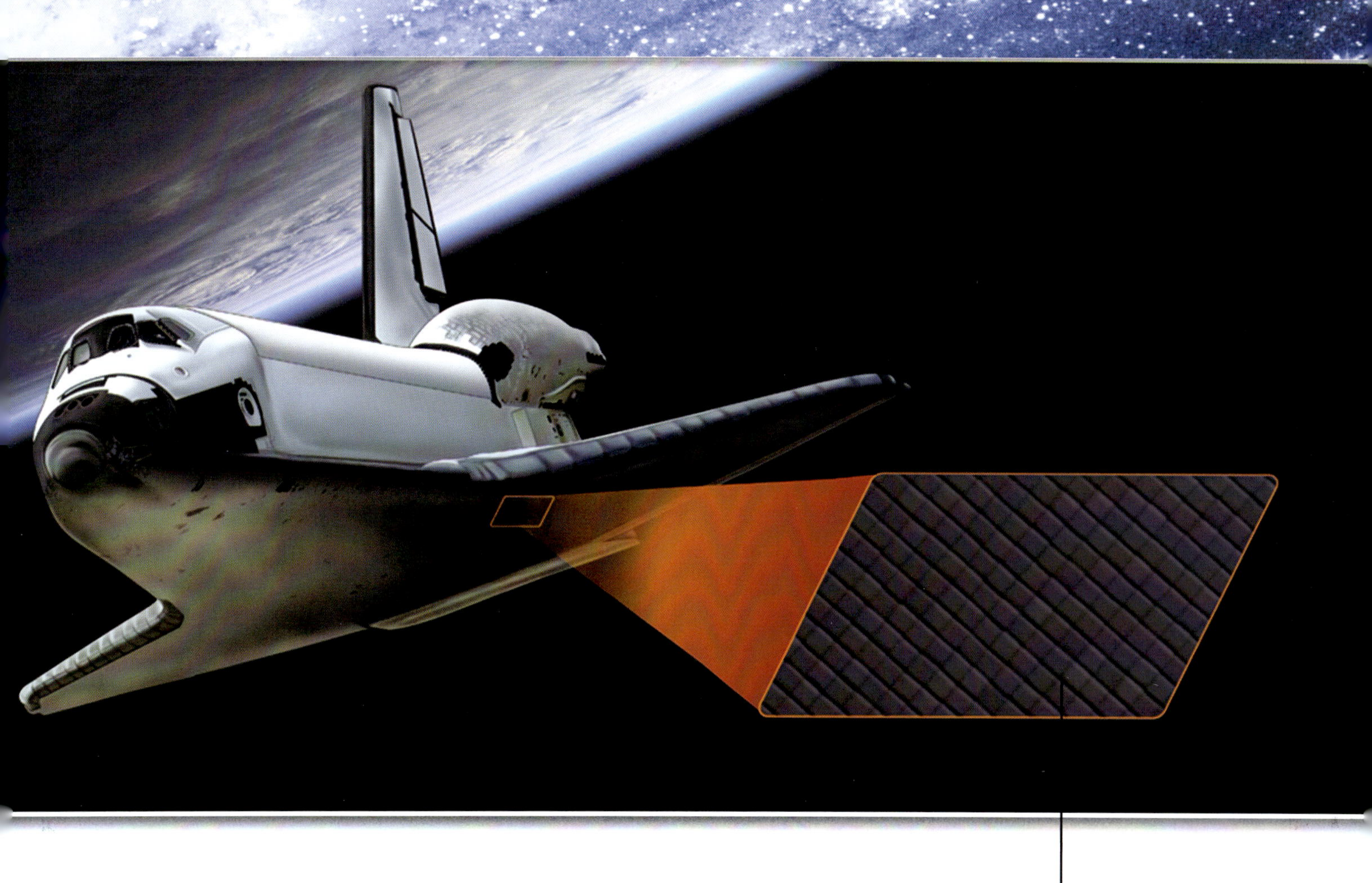

在航天飞机底部，覆盖有高温表面隔热瓷砖，它可以保护其免受1 260 ℃的高温影响。

百科档案

- “联盟1号”事故：1967年4月24日。
- “联盟11号”事故：1971年6月30日。
- “挑战者号”事故：1986年1月28日。
- “哥伦比亚号”事故：2003年2月1日。

“哥伦比亚号”的爆炸

在“哥伦比亚号”航天飞机预计返回家园的那天，机组人员在歌曲《苏格兰勇士》的旋律中醒来——为了纪念任务专家劳雷尔·克拉克的苏格兰血统而播放了这首歌曲。那次任务，宇航员们在太空中停留了16天。“哥伦比亚号”在返程进入地球大气层时发生爆炸，机上7名宇航员全部遇难。

趣味百科

尤里·加加林上校是第一个进入太空的人，但后来他因驾驶一架战斗机在莫斯科附近坠毁而身亡。死亡时，他正在为“联盟3号”航天任务进行训练。

太空趣味百科

下面是一些关于太空的有趣事实。

金星与太阳系其他行星的旋转方向相反。

天空中最亮的恒星是天狼星，它与太阳系的距离约为8.6光年。

如果要到达外太空，至少需要从地球表面向外飞行80千米。

火星是以罗马战神的名字命名的。

几个世纪以来，人们一直认为彗星的出现是一个邪恶的迹象，预示着瘟疫、战争和死亡的来临。

有史记录以来最大的小行星是谷神星。它的最大直径超过965千米！

木星没有固体表面，只有气态云层，主要由氢和氦组成。

地球的自转速度在9月比3月快。

1974年3月29日，“水手10号”是第一艘飞至水星的太空飞船。它发回了水星表面的第一张特写照片。

金星的表面温度足以熔化铅！它的表面温度可达462℃，而铅在328℃下即可熔化。

整个太阳系99%以上的质量都集中在太阳上。

“双子座3号”于1965年3月23日发射升空，是美国的首次双人太空飞行任务。在那次飞行中，维吉尔·格里森成为第一

个两次执行太空飞行任务的宇航员。

月球表面有大约3万亿个直径超过1米的陨石坑！

木星围绕太阳运行一周大约需要12个地球年，而在木星上一天的时间接近10小时。

每年4月12日，全世界都会庆祝“尤里之夜”，以纪念第一个进入太空的人尤里·加加林。

2003年1月16日，伊兰·拉蒙上校登上命运多舛的“哥伦比亚号”宇宙飞船，成为第一位进入太空的以色列宇航员。

高尔夫球是唯一在月球上进行过的运动。1971年2月6日，宇航员艾伦·谢泼德在登月后打了一个高尔夫球。

如果太阳停止发出光芒，地球上的人要8分钟后才会意识到。

航天飞机的主发动机大概只有火车发动机的七分之一重，但却可以产生多达39辆机车的功率。

1961年1月31日，三岁的哈姆成为第一只进入太空的黑猩猩。